Sybille Harms-Fitzner
Materialien und Kopiervorlagen
zur Klassenlektüre

Gabriele Beyerlein

Ins Mittelalter und zurück

Eine abenteuerliche Zeitreise

Hase und Igel®

Inhalt

80797 München, service@hase-und-igel.de
www.hase-und-igel.de
Lektorat: Anna Meißner, Sonja Stahuber
Satz: Claudia Trinks
Illustrationen: Marc Robitzky
Druck: Joh. Walch GmbH & Co. KG, Im Gries 6,
86179 Augsburg, kontakt@walchdruck.de

ISBN 978-3-86760-475-8
5. Auflage 2025

Das Buch

„Ins Mittelalter und zurück" heißt es für Leo, den Protagonisten aus Gabriele Beyerleins neuem Roman. Das Buch führt nicht nur Leo in eine andere Zeit, sondern nimmt auch die jungen Leser mit ins Mittelalter und lässt sie mit Leo und Käthe, einem Mädchen aus dieser Epoche, spannende Abenteuer bestehen. Sie finden heraus, was es heißt, echte Freunde zu sein und sich aufeinander verlassen zu können.

Über die Erlebnisse der beiden Kinder hinaus vermittelt das Buch authentisch Leben und Alltag rund um eine spätmittelalterliche Burg – genauer rund um die Burg und die Stadt Burghausen im Jahre 1488. An diesem realen Schauplatz werden historische Personen und Fakten mit der erfundenen Geschichte und den sympathischen Charakteren von Leo und Käthe verwoben. So entsteht ein lebendiger und authentischer Eindruck mittelalterlichen Lebens.

Leo besichtigt mit seinen Eltern die Burg Burghausen, obwohl er eigentlich viel lieber mit seiner besten Freundin Lea im Urlaub wäre. Da entdeckt er an einer Tür in der Burgmauer ein Mädchen in fremdartiger Kleidung, das aussieht wie Lea. Er folgt ihr durch die Pforte und befindet sich plötzlich auf der mittelalterlichen Burg Burghausen. Das Mädchen ist Lea zwar absolut ähnlich, stellt sich Leo aber als Käthe, Tochter des Schäfflers Jakob, vor. Es gehört in diese Zeit. Mit Käthes Unterstützung findet sich Leo im Mittelalter zurecht, es entsteht eine gute Freundschaft. Als Käthe schließlich beschuldigt wird, eine Brosche der Herzogstochter Elisabeth gestohlen zu haben, gelangt Leo bis ins Innerste der Hauptburg und zu Prinzessin Elisabeth und Herzog Georg dem Reichen. Das Bestehen des Abenteuers entpuppt sich als Schlüssel zur Rückkehr in die Gegenwart – und Leo erwacht neben seiner Mutter auf einer Bank des Burggeländes. War alles nur ein Traum? Aber warum kennt er sich plötzlich so gut in der Burg aus? Und wie kann Lea ihm in einer SMS berichten, dass sie den gleichen merkwürdigen Traum hatte?

Leo und Käthe lassen die Leser teilhaben an den Sorgen und Nöten einer Kindheit im Mittelalter. Der Begriff „Kindheit" hat in diesem geschichtlichen Zeitabschnitt noch eine ganz andere Bedeutung als für uns heute. Leo stellt viele Unterschiede zu seinem Alltag und Zuhause in der Jetztzeit fest. Das Buch verzichtet bewusst auf die Schilderung romantischer Rittergeschichten. Trotzdem ist Leo auch fasziniert von der mittelalterlichen Welt und ihrer Andersartigkeit.

Das Buch eignet sich für den Einsatz in der 3. und 4. Jahrgangsstufe. Eine kindgerechte Sprache, anschauliche Sprachbilder und eine authentische Erzählung führen die jungen Leser in das Geschehen ein und lassen sie teilhaben am mittelalterlichen Alltag. Aus diesen Schilderungen ergeben sich vielfältige Möglichkeiten zur Weiterarbeit und zur Vertiefung von Sachthemen, vor allem aber auch zum Transfer in die heutige Zeit und dem Verständnis, dass sich die Welt, so wie sie heute ist, aus dem entwickelt hat, was früher war.

Das Material

Der vorliegende Band besteht aus einem Lehrerteil und Arbeitsblättern für die Schülerhand. Neben Inhaltsangaben zu den einzelnen Sinnabschnitten, Gesprächs- und Schreibanlässen und Vorschlägen zur Unterrichtsgestaltung bietet er didaktische Erläuterungen und Lösungen zu den einzelnen Kopiervorlagen.

Die Arbeitsblätter enthalten vielfältiges Übungsmaterial, das sich an den Kriterien der Leseförderung zum sinnverstehenden Lesen orientiert. Darüber hinaus vermitteln kommunikative Arbeitsaufträge mit eigener Meinungsbildung, dass es nicht nur eine einzige richtige Antwort gibt. Handlungs- und produktionsorientierte Aufgaben runden die Arbeitsblätter ab und regen zur Kreativität an.

Thematisch greifen die Kopiervorlagen zahlreiche Sachaspekte der Lektüre auf und werden durch weiterführende Zusatzinformationen im Lehrerteil bereichert. Insbesondere handelt es sich um die folgenden Themenbereiche: Aufbau einer Burg, Alltag und Leben der verschiedenen Stände, Salz und Essgewohnheiten im Mittelalter, Kindheit im Mittelalter, Wandel der Berufswelt, Zünfte und Zunftzeichen, Rittertum und Wappenkunde.

In der Kopfleiste jeder Kopiervorlage zeigen Symbole übersichtlich an, welche Arbeitstechniken auf der betreffenden Seite anzuwenden sind:

Viel Freude bei der Arbeit mit Buch und Material wünscht Ihnen und Ihrer Klasse

Sybille Harms-Fitzner

Vor der Lektüre

Lassen Sie die Schüler das Thema der Lektüre spielerisch erschließen. Bereiten Sie dazu Zettel vor, auf denen in Großbuchstaben die einzelnen Buchstaben des Wortes „MITTELALTER" stehen. Heften Sie diese durcheinander mit Klebestreifen an die Tafel. Die Schüler bilden mit den einzelnen Buchstaben Wörter, beispielsweise ALT, TAL, MITTE, ALTER, RAT.

Stellen Sie in einem nächsten Schritt den Kindern die Aufgabe, alle Buchstaben zu einem Wort zusammenzufügen. Ein Schüler klebt die Buchstaben in der richtigen Reihenfolge an die Tafel. Nun nennen die Kinder Begriffe, die sie mit dem Thema „Mittelalter" assoziieren. Schreiben Sie sie rund um das Stichwort an die Tafel und erstellen Sie eine Mindmap. Alternativ können Sie nach der Themenfindung die Kopiervorlage „Mittelalter" (Seite 21) einsetzen.

Hinweise zu den Kopiervorlagen

Mittelalter

Die Kinder sammeln im Brainstorming-Verfahren Gedanken und Assoziationen zum Thema „Mittelalter" und halten sie schriftlich fest. Dadurch fokussieren sie ihre Aufmerksamkeit auf das Thema und aktivieren ihr Vorwissen. Das gibt Ihnen die Möglichkeit, den Unterricht dicht an den Interessen und Fragen der Kinder zu planen.

Beispiellösung
Aufgaben 1/2:
Ritter: Welche Aufgaben hatte ein Ritter?
Handwerk und Zünfte: Welche Handwerke gab es? Was ist eine Zunft genau?
Stände: Warum gab es Stände? Welcher Stand war der größte?
Burg: Wie wurde eine Burg gebaut? Wer wohnte in einer Burg?
mittelalterliche Stadt: Wie sah eine Stadt im Mittelalter aus? Gibt es heute noch Städte aus dem Mittelalter?
Krankheiten/Pest: Welche schlimmen Krankheiten gab es im Mittelalter? Warum gab es sie?

Mein Lesetagebuch

Die Kinder finden kapitelweise eigene Überschriften. Dadurch memorieren sie das Gelesene und fassen die wichtigsten Textaussagen kurz und prägnant zusammen. Die Smileys am Ende der Zeile geben Leos Gefühlswandel im Laufe des Romans wieder. Es wird ein Gesamteindruck dokumentiert, mit dem sich eine abschließende Reflexion initiieren lässt.

1. und 2. Kapitel: Auf der Burg

Inhalt

Leo macht mit seinen Eltern einen Ausflug nach Burghausen in Oberbayern. Dort steht die längste Burg der Welt. Eigentlich findet Leo Ritter toll – er wäre selbst gern einer gewesen und hätte mutig jedes Abenteuer bestanden. Aber eine alte Burg ansehen – nicht heute! Er wäre viel lieber mit seiner Freundin Lea in den Urlaub geflogen. Aufgrund einer Mittelohrentzündung mussten Leo und seine Eltern diese Reise allerdings absagen.

Leos Eltern versuchen vergeblich, ihn für die Sehenswürdigkeit zu begeistern. Auf der Bank einer Aussichtsplattform auf der Burg wird Leo schließlich schläfrig. Doch plötzlich entdeckt er Lea in seltsamer Kleidung an einer Pforte stehen. Er will ihr folgen, tritt durch die Pforte und befindet sich auf einmal in einem dunklen Raum, der keinen Weg zurück bietet. Der Raum entpuppt sich als Pferdestall, doch als er hinaustritt, erkennt er den Burghof nicht wieder: Gebäude und Menschen wirken allesamt fremdartig.

Gesprächs- und Schreibanlässe

Leo wird kurz vor dem geplanten Urlaub krank.
- Wohin wollte er mit seiner Familie fliegen?
- Was macht die Familie stattdessen?
- Hattest du auch schon einmal eine Mittelohrentzündung? Erzähle.
- Musste deine Familie auch schon einmal einen Urlaub wegen Krankheit absagen?

Leo wollte mit seiner Familie und Lea ans Mittelmeer.
- Wo warst du zuletzt im Urlaub?
- Mit wem bist du verreist?
- Welches war dein schönstes Urlaubserlebnis? Erzähle.

Urlaub in Deutschland findet Leo nicht so schön wie Urlaub am Mittelmeer.
- Wo würdest du lieber Urlaub machen?

- Ist es wichtig, im Urlaub weit weg zu fahren/fliegen?
- Hast du schon einmal in Deutschland Urlaub gemacht? Wo?
- Welche interessanten Orte kennst du in Deutschland?

Ich bin doch kein kleines Kind mehr, denkt Leo.
- Wofür ist Leo nach Ansicht seiner Mutter noch zu klein?
- Mit welcher Begründung verbietet sie es?
- Hättest du dir das Foltermuseum ansehen wollen?
- Behandeln deine Eltern dich manchmal auch noch als „kleines Kind", obwohl du anderer Meinung bist? Erzähle.

„Hätte ich ein Smartphone, könnte ich jetzt Spiele machen, dann wäre mir nicht so langweilig ..." (Seite 14)
- Leo mag Ritter und Burgen. Warum ist ihm auf der Burg trotzdem langweilig?
- Was würdest du an seiner Stelle tun?
- Hast du ein Smartphone? Wozu benutzt du es?
- Wie oft und wie lange darfst du es benutzen?

Hinweise zu den Kopiervorlagen

Was ich über Leo schon weiß
In der motivierenden Form eines Rätsels rekapitulieren die Schüler die Inhalte des 1. und 2. Kapitels. Neben der Textkenntnis fördert dieses Arbeitsblatt das genaue Lesen. Es eignet sich deshalb besonders zur Differenzierung.

Lösung
Aufgabe 1:

	richtig	falsch
An einem heißen Sommertag macht Leo mit seinen Eltern einen Ausflug.	(N)	E
Seine Freundin Lea kommt auch mit.	T	(E)
Leo soll mit seinen Eltern eine alte Burg besichtigen.	(S)	L
Leo freut sich auf die Burg.	A	(U)
Auf die Burg hat Leo überhaupt keine Lust. Er wäre viel lieber mit Lea nach Österreich gefahren.	L	(A)
Lea will ein Eis.	E	(H)
Leo bekommt von seinem Vater ein Eis.	(G)	T
Es soll die längste Burg der Welt sein.	(R)	T
Es soll die älteste Burg der Welt sein.	I	(U)
Leos Papa möchte sich den Folterkeller ansehen.	(B)	M

Aufgabe 2:
Lösungswort: BURGHAUSEN

KV Seite 24

Verschiedene Burgen
Die Schüler lernen anhand eines Sachtextes unterschiedliche Burgentypen kennen. Die mittelalterlichen Bauherren nutzten die natürliche Umgebung zum Schutz ihrer Burg. Die zweite Aufgabe prüft, ob die Kinder den Sachtext genau gelesen und verstanden haben. In Aufgabe 3 übertragen sie ihr Wissen schließlich auf den Schauplatz des Romans, die Burg Burghausen.

Lösung
Aufgabe 2:

Wasserburg

Hangburg

Gipfelburg

Aufgabe 3:
Burghausen ist eine Gipfelburg.

Weiterführende Anregung
Sensibilisieren Sie die Schüler auf der sprachlichen Ebene für die Bedeutung von Städtenamen und dafür, sprachliche Hinweise zu deuten. Der Wortbestandteil „-burg" in einem Städtenamen weist darauf hin, dass der Ort unter dem Schutz einer Burg (z.T. auch eines Römerkastells oder Feudalsitzes) entstand (z.B. Wasserburg, Freiburg, Marburg, Lüneburg, Magdeburg, Aschaffenburg, Salzburg). Regen Sie eine Recherche an und stellen Sie dazu Atlanten oder Landkarten (z.B. Karte Ihres Bundeslandes oder Ihrer Region, Karte Deutschlands, Österreichs und der Schweiz) zur Verfügung.

Auch andere Städtenamen können gedeutet werden: z.B. Cuxhaven, Bremerhaven.

Die Burg Burghausen
Diese Kopiervorlage zeigt einen Grundriss der Burg Burghausen. Erarbeiten Sie im Unterrichts-

gespräch die Aufteilung in fünf Vorhöfe und die Hauptburg als Wohnsitz des Burgherrn und seiner Familie. Die Schüler können die Burg Burghausen mit anderen Burgen vergleichen und feststellen, dass es gewöhnlich nur einen Vorhof gibt. Die Burg Burghausen hat die Besonderheit, dass sie sehr lang gezogen ist. Es handelt sich um die längste Burg der Welt.

Während der Lektüre können die Schüler den Grundriss zur Orientierung immer wieder zur Hand nehmen und die Schauplätze verorten. Damit trainieren sie ihre Raumvorstellung und lernen, sich auf einem Plan zu orientieren.

Die Burg Burghausen lässt sich mit einfachen Mitteln auch plastisch darstellen: Ahmen Sie den Burgberg mit einem länglichen Karton nach und decken Sie ihn mit einem grünen Tuch ab. Blaue Pappstreifen oder Tücher an beiden Längsseiten symbolisieren den Fluss Salzach und den Wöhrsee. Der Grundriss der Burg wird vergrößert kopiert und liegt auf der Anhöhe. Kleine Puppen oder Figuren stellen Leo und Käthe dar. Die Wortkarten können zur Orientierung und Kennzeichnung an die einzelnen Vorhöfe und die Hauptburg geklebt und parallel zum Fortgang der Lektüre ergänzt werden (z.B. Schütt, Schildmauer, Palas).

Lösung

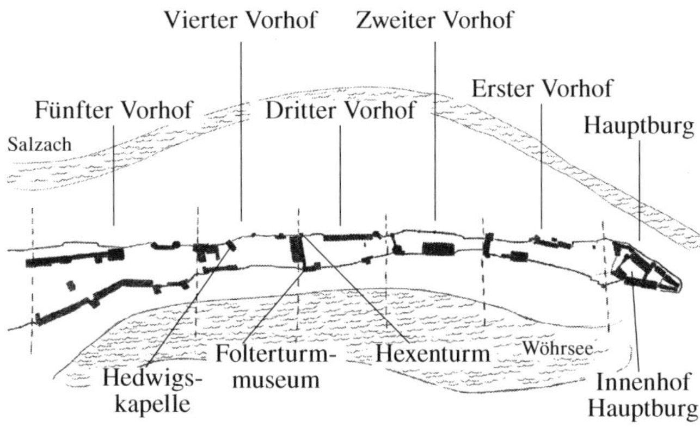

KV Seite 26

Zwischen Traum und Wirklichkeit

Zu Beginn spielt der Roman auf drei verschiedenen Handlungs- und Vorstellungsebenen: Leos reale Burgbesichtigung, seine Vorstellung vom Urlaub mit Lea und der Beginn seiner Zeitreise ins Mittelalter. Um besonders den schwächeren Schülern die Vorstellung zu erleichtern, werden auf dieser Kopiervorlage die Ereignisse aus diesen drei „Welten“ voneinander isoliert. Die Schüler erinnern sich an den Text, rekapitulieren und ordnen das beschriebene Ereignis der richtigen Ebene zu. Unterschiedliche Farben dienen der Kennzeichnung. In der anschließenden Diskussion kann die Einordnung der Ereignisse hinter der Burgpforte bewusst offen gelassen werden. Es bietet sich an, diese Frage nach der Lektüre des gesamten Romans nochmals aufzugreifen (siehe „Leos Brief“, Seite 46).

Lösung

Aufgabe 1:

Blau: Mama liest aus Reiseführer vor, Papa fotografiert, Eis essen, auf einer Bank am Aussichtsplatz sitzen, vom Fünften bis in den Dritten Vorhof laufen

Gelb: schnorcheln, am Swimmingpool rutschen, Wasserball spielen, auf Luftmatratze schwimmen

Grün: Pferde stehen in flachem Wasserbecken, Lea erscheint in merkwürdiger Kleidung, Stufen führen zu einem Pferdestall, Männer arbeiten an Burgmauer

3. bis 6. Kapitel: **Wo bin ich hier gelandet?**

Inhalt

Leo vermutet, dass er in der Vergangenheit, genauer auf der mittelalterlichen Burg Burghausen, gelandet ist. Nicht nur die Umgebung, auch Leos Kleidung hat sich plötzlich verändert.

Da entdeckt er Lea, wiederum in der fremden, mittelalterlichen Kleidung und schwere Eimer tragend, und hofft auf Hilfe und eine Erklärung von ihr. Doch sie stellt sich ihm als Käthe, Tochter des Schäfflers Jakob aus Burghausen, vor und kennt Leo nicht. Erst nach und nach begreift Leo, dass er wirklich im Mittelalter gelandet sein muss und Käthe Lea zwar absolut ähnlich ist, aber in diese Zeit gehört. Leo begleitet sie, hilft ihr die schweren Eimer zu tragen und anschließend an der sogenannten Schütt – einem Wehrgebäude der Burg – weiterzubauen.

Als endlich Feierabend ist, läuft Käthe mit anderen Kindern davon. Leo bleibt erschöpft zurück. Er kommt auf die Idee, ein weiteres Mal durch die Pforte in der Burgmauer zu treten, um zurück in die Gegenwart zu gelangen. Er wagt sich sogar ins Innere des Pferdestalls, um einen Rückweg zu finden. Hier wird er von einem Aufseher ertappt und für einen Dieb gehalten. Er rettet sich mit einer Notlüge und behauptet, der Schäffler Jakob sei sein Vater. Daraufhin lässt ihn der Aufseher laufen. Als Gegenleistung fordert er allerdings einige „Geschenke" vom Schäffler Jakob, andernfalls müsse Leo mit einem Prozess und Bestrafung rechnen.

Leo läuft so schnell wie möglich aus der Burg in die Stadt. Dort entdeckt er Käthe auf der Straße und sieht sie in ihrem Haus verschwinden. Ratlos, wie und wo er die Nacht verbringen soll, setzt sich Leo vor Käthes Haus. Als Käthe den Nachttopf aus dem Fenster leert, kann Leo sich bemerkbar machen. Schließlich lässt sie ihn heimlich in der Werkstatt übernachten. Kurz bevor er einschläft, fasst Leo neue Zuversicht, wieder in die Gegenwart zurückzukommen.

Gesprächs- und Schreibanlässe

„Ich bin Leo der Löwe und Löwen sind stark und mutig." (Seite 22)

- Welche Bedeutung hat dein Vorname? Versuche es herauszufinden.
- Warum haben deine Eltern diesen Namen für dich ausgesucht? Frage nach und erzähle.
- Bist du nach einem/einer Heiligen benannt?

Ein Bauernjunge versucht, Käthe bei der Arbeit an der Schütt mit seinen Späßen zu beeindrucken.

- Wie reagiert Leo?
- Wie nennt man dieses Verhalten?
- Warst du auch schon einmal eifersüchtig? Erzähle.

Als Leo im Pferdestall nach einem Rückweg sucht, wird er von einem Aufseher entdeckt.

- Was vermutet der Aufseher, warum sich Leo im Pferdestall aufhält?
- Bist du auch schon einmal zu Unrecht beschuldigt worden, etwas Unerlaubtes getan zu haben? Wie hast du dich dabei gefühlt? Wie hat sich die Situation aufgeklärt? Erzähle.

Der Aufseher im Pferdestall will Leos vermeintlichen Vater, den Schäffler Jakob, erpressen.

- Was ist eine Erpressung?
- Was fordert der Aufseher dafür, dass er Leo nicht anzeigt?
- Findest du das Verhalten des Aufsehers richtig? Begründe deine Meinung.

Hinweise zu den Kopiervorlagen

KV Seite 27

In einer anderen Zeit

Dieses Blatt thematisiert die Epoche „Mittelalter". Bestimmte Hinweise wie Kleidung und Verhalten der Leute auf der Burg lassen Leo darauf schließen, dass er in diese Zeit gelangt sein muss. Die Schüler sollten in Aufgabe 1 mindestens drei Beispiele nennen können. Die Epoche, die von ca. 500 bis 1500 n. Chr. datiert ist, lässt sich in Früh-, Hoch- und Spätmittelalter einteilen. Im Laufe der Lektüre kann Leos Zeitreise auf das Jahr 1488, also das Spätmittelalter, bestimmt werden. Die Zeitleiste visualisiert den Schülern die Differenzierung in vor- und nachchristliche Zeiträume und die zeitliche Einordnung des Mittelalters im Vergleich zur Jetztzeit.

Lösung

Aufgabe 1:
z. B. Leos und Käthes Kleidung; moderne Gebäude wie Museum und Kiosk fehlen, dafür mittelalterliche Bauwerke wie der Stall und die Schütt; Männer in mittelalterlicher Kleidung arbeiten an Burgmauer

Aufgabe 3:
hellgrau: Mittelalter, dunkelgrau: unser Jahrhundert

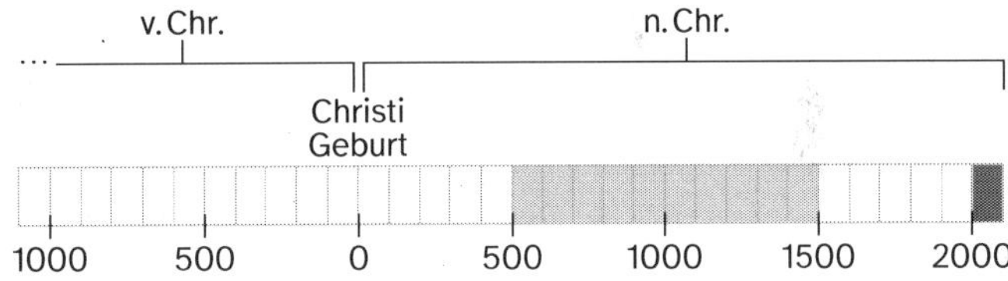

Weiterführende Anregungen

Mit einer Zeitleiste oder einer Zeitschnur vertiefen Sie die Veranschaulichung und zeitliche Verortung des Mittelalters und der Zeitrechnung an sich: Knoten Sie 21 dicke Wollfäden von 10 cm Länge in zwei Farben abwechselnd zusammen. Jeder Wollstrang steht für ein Jahrhundert. Befestigen Sie mit kleinen Klammern am Beginn der Zeitschnur ein Kärtchen mit „Christi Geburt" und alle fünf Wollfäden eine Zeitangabe (500, 1000, 1500, 2000). Die Zeitschnur wird gut sichtbar aufgehängt. Alternativ können Sie eine Zeitleiste aus Papier, ähnlich der Zeitleiste auf dem Arbeitsblatt, in dieser Form gestalten.

- Die Schüler recherchieren die Jahreszahlen bedeutender geschichtlicher Ereignisse (z. B. Entdeckung Amerikas, erste Eisenbahn, Ende des Zweiten Weltkriegs, die erste Mondlandung) im Internet. Diese werden auf kleine Kärtchen geschrieben und jeweils an der richtigen Stelle an die Zeitleiste geheftet.

- Markieren Sie mit einem Kärtchen und einer Klammer das aktuelle Jahr und sprechen Sie die (unbegreifliche) Zeitspanne der geschichtlichen Entwicklung im Vergleich zu einem Punkt auf der Zeitschnur an.

Die Schüler zeichnen eine Zeitleiste von 1900 bis heute (1 cm entspricht 10 Jahren). Sie markieren nach Ihren Angaben die Zeiträume des Ersten und Zweiten Weltkriegs. Jeder Schüler recherchiert als Hausaufgabe für ihn und seine Familiengeschichte individuell wichtige Jahreszahlen und trägt sie auf dem Zeitstrahl ein: z. B. Geburt der Großeltern, Eltern und Geschwister, Hochzeit der Eltern, eigene Geburt, Schuleintritt.

KV Seite 28

Kindheit im Mittelalter
Die Schüler lernen im Buch eine ganz andere Art von (ungeschützter) Kindheit kennen. Als Einstieg bietet es sich an, das bewusst provozierende Stichwort „Kinderarbeit“ an die Tafel zu schreiben. Die Schüler äußern ihre Assoziationen. Strukturierungshilfen für das Unterrichtsgespräch können sein:

- Was versteht ihr unter Arbeit?
- Was ist der Unterschied zwischen körperlicher und geistiger Arbeit?
- Ist das Lernen in der Schule auch Arbeit?
- Warum mussten Kinder im Mittelalter so schwere körperliche Arbeit verrichten?
- Welche körperliche Arbeit gehört zu euren Pflichten?

Die Kopiervorlage vertieft anschließend den Aspekt, dass eine Kindheit im Mittelalter je nach Stand Ausbildungsmöglichkeiten bot oder verwehrte. Durch den Vergleich von Arbeitsbelastung, Freizeit und Schulbildung früher und heute lernen die Schüler die heutige Kindheit aus einer anderen Perspektive kennen. Die Bewertung, welche Kindheit welche Vor- und Nachteile hat, sollte in einem anschließenden Unterrichtsgespräch erarbeitet werden.

Lösung
Aufgabe 1:

Leos Aufgaben	Aufgaben der Kinder im Mittelalter
Hausaufgaben machen, Müll runterbringen, Zimmer aufräumen	schwere Biereimer schleppen, an der Schütt mitarbeiten, ihren Eltern im Haus, Laden, Stall und Garten helfen

Weiterführende Anregungen
Die Unterschiede zwischen einer Kindheit früher und heute können leicht veranschaulicht werden. Teilen Sie die Klasse in Kleingruppen ein. Jede Gruppe bekommt einen Arbeitsauftrag und ein Blatt Papier mit einer Skala, die aus ca. 15 Quadraten besteht. Verteilen Sie die beiden unterschiedlichen Anweisungen gleichmäßig auf die Kleingruppen:

- Gruppenarbeit 1: Wie verbringt Käthe ihren Tag?
  Lest im Buch auf den Seiten 19 bis 21 und 26 nach, wie Käthe ihren Tag verbringt. Kennzeichnet die verschiedenen Kategorien auf der Kästchenleiste: Für jede körperliche Arbeit malt ihr ein Kästchen rot an, für Aktivitäten in Spiel und Freizeit malt ihr ein Kästchen blau an, für jede Schulstunde ein Kästchen grün.
- Gruppenarbeit 2: Wie verbringen wir einen Tag?
  Sprecht in der Gruppe über eure Tagesabläufe und einigt euch darauf, wie die Mehrzahl den Tag verbringt. Kennzeichnet die verschiedenen Kategorien auf der Kästchenleiste: Für jede körperliche Arbeit malt ihr ein Kästchen rot an, für Aktivitäten in Spiel und Freizeit malt ihr ein Kästchen blau an, für jede Schulstunde ein Kästchen grün.

Lassen Sie die Skalen vergleichen:

- Wer hätte gerne als Kind im Mittelalter gelebt?
- Seid ihr froh, in der heutigen Zeit Kind zu sein? Warum (nicht)?

Auch heute gibt es in vielen Ländern noch Kinderarbeit. Regen Sie eine Internetrecherche zum Thema an:

- In welchen Ländern haben Kinder auch heute noch einen ähnlichen Tagesablauf wie Käthe, müssen (körperliche) Arbeit verrichten und werden als Arbeitskräfte ausgebeutet? (Beispiele: Bangladesch, Indien, Philippinen, Brasilien, Ecuador, Demokratische Republik Kongo)
- Suche dir unter *www.unicef.de/informieren/schulen/kinder-der-welt* ein Kind aus und lies seinen Bericht. Geht es zur Schule? Welche (körperlichen) Arbeiten muss es erledigen? Wie sieht die Freizeit des Kindes aus?
- Was sind Kinderrechte? Welche Kinderrechte gibt es? Schau dir das Video unter *www.unicef.de/informieren/schulen* an.

Weitere altersgerechte Beiträge zu den Themen „Kinderarbeit heute“ und „Kinderrechte“ finden Sie mit folgenden Suchmaschinen und dem Stichwort „Kinderarbeit“: *www.helles-koepfchen.de*, *www.kindernetz.de* und *www.blinde-kuh.de*. Berichte über Tagesabläufe von Kindern in Entwicklungsländern gibt es auch auf der Kinder-Homepage der „Kindernothilfe“: *www.robinson-im-netz.de/category/geschichten/tagesablauf/*.

KV Seite 29

Was ist an der Schütt los?

Auf diesem Arbeitsblatt wiederholen die Schüler den Inhalt der Kapitel 3 bis 6. Sie kreuzen jeweils die richtige Fortsetzung des Satzes an und stellen dadurch ihre Textkenntnis unter Beweis. Das Lösungswort ermöglicht eine Selbstkontrolle.

Lösung

Aufgabe 1:

1. ☒ zwei Eimer mit Bier. (F)
2. ☒ der Schäffler Jakob. (P)
3. ☒ arbeiten zusammen an der Schütt. (O)
4. ☒ um die Türkengefahr zu bannen. (T)
5. ☒ um in die Gegenwart zurückzugelangen. (T)
6. ☒ beschuldigt ihn ein Mann, Hafer stehlen zu wollen. (H)
7. ☒ einen Nachttopf aus dem Fenster. (C)
8. ☒ isst er ein Stück Brot. (A)
9. ☒ in der Werkstatt von Käthes Vater. (N)

Aufgabe 2:

Das Lösungswort lautet: NACHTTOPF.

KV Seite 30

Berufe im Mittelalter

Leo ist der Beruf von Käthes Vater fremd. Er kann nur eine Vermutung äußern, was ein Schäffler macht (Aufgabe 1). Bestätigen Sie Leos Vermutung im Unterrichtsgespräch und thematisieren Sie ggf., dass „Schäffler“ eine Variante dieser Berufsbezeichnung im bayerischen Sprachraum ist, wie sie die Bewohner von Burghausen verwendet haben. Eventuell kennen einige Schüler je nach Region den Beruf unter einer anderen Bezeichnung, z. B. Küfer, Fassbinder, Böttcher.

Ausgehend von diesem Arbeitsblatt können Sie die Aufmerksamkeit der Schüler auf die veränderte Berufswelt vom Mittelalter im Vergleich zur Neuzeit lenken, die durch die Industrialisierung geprägt ist:

- Weisen Sie die Kinder darauf hin, dass im Mittelalter noch viel mehr Dinge durch Menschenhand gefertigt wurden. Gehen Sie dabei auf die semantischen Wortbestandteile des Wortes „Hand + werk“ ein.
- Lassen Sie die Fertigung heutiger Produkte mit der im Mittelalter vergleichen, indem Sie ein konkretes Beispiel, z. B. Schuhe, herausgreifen: Während sie im Mittelalter von einem Schuster in Handarbeit gefertigt wurden, werden heute in einer Schuhfabrik viele Arbeitsschritte maschinell ausgeführt. Fragen Sie anschließend, welche Vorteile die Schüler bei der Schuhherstellung mithilfe von Maschinen sehen (z. B. mehr gleiche Produkte in kürzerer Zeit), aber auch welche Nachteile damit verbunden sein können (z. B. geringere Qualität bzw. Langlebigkeit).
- In der Gegenwart der Kinder verändert sich die Arbeitswelt zusätzlich durch die Digitalisierung, die ähnlich wie die Industrialisierung neue Berufe nach sich zieht. Erfindungen und Fortschritt sorgen nicht nur dafür, dass sich einzelne Berufsbilder wandeln, sondern auch, dass einige Berufe überflüssig werden und neue entstehen (Aufgabe 2 und 4). Ausgehend vom Beispiel des Programmierers aus Aufgabe 2 können Sie vertiefende Fragen stellen: Woran arbeitet ein Programmierer? Warum konnte es einen Programmierer im Mittelalter noch nicht geben?

Lösung

Aufgabe 1:

Ein Schäffler ist offensichtlich ein Handwerker, der Holzkübel und solche Sachen herstellt.

Aufgabe 2:

~~Automechaniker,~~ Marktfrau, Koch, Schneider, Metzger, Schuster, ~~Fernsehmoderator,~~ ~~Programmierer~~

Aufgabe 3:

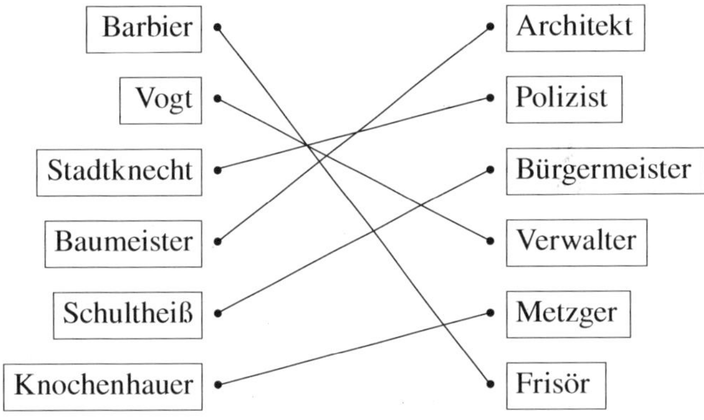

Aufgabe 4:

z. B. Seifensieder, Korbmacher, Flößer, Herold, Köhler, Wagner

KV Seite 31

Zünfte im Mittelalter

Auf diesem Arbeitsblatt informiert ein kurzer Text über die Organisation der mittelalterlichen Handwerksberufe in Zünften. Aufgabe 2 und 3 thematisieren die Zunftzeichen. In ihrer einfachsten Form fand man über den Eingängen der Werkstätten einen Eisenhaken mit dem Produkt, das der Handwerker herstellte – ähnlich wie im Buch beschrieben (Seite 40). Erarbeiten Sie anhand der Zunftzeichen im Unterrichtsgespräch, wie der Beruf jeweils abgebildet wird.

Zünfte
Das Wort „Zunft“ kommt von „ziemen“. Es bedeutet in seinem ursprünglichen Wortsinn also „das, was sich gehört“ und fasst so die Funktion einer Zunft anschaulich zusammen: Eine Zunft regelte das persönliche und das gewerbliche Verhalten der einzelnen Zunftmitglieder. Verstieß jemand gegen die Zunftregeln, konnte er aus der Zunft ausgeschlossen werden. Über die Einhaltung der Regeln wachte der Zunftmeister. In den Zunftbriefen wurden die Regeln niedergeschrieben und in der Zunfttruhe verwahrt. Verstöße ahndete das Zunftgericht.

Die Zunft sorgte auch dafür, dass jeder Handwerker sein Auskommen hatte. So wurde bestimmt, wie viele Meister und Gesellen sich in einer Stadt ansiedeln durften, wer welche Arbeit zugewiesen bekam und wie hoch die Preise der hergestellten Produkte sein durften. Auch die Qualität der Arbeit wurde überwacht. In einer Art sozialen Absicherung kümmerte sich die Zunftgemeinschaft außerdem um alte und kranke Handwerker. Es herrschte sogenannter Zunftzwang: Jeder Meister und Geselle war verpflichtet, einer Zunft beizutreten. Deshalb war der Verstoß aus einer Zunft so gefürchtet.

Darüber hinaus waren die Zünfte für die Verteidigung einer Stadt zuständig: Jede Zunft war für einen Teil der Stadtmauer verantwortlich und musste dafür Sorge tragen, dass dieser Teil der Mauer keine Mängel aufwies.

Erst im 19. Jahrhundert wurde der Zunftzwang abgeschafft. Handwerkskammern und Innungen übernehmen heute die organisatorischen Aufgaben der Handwerke.

Lösung
Aufgabe 2:

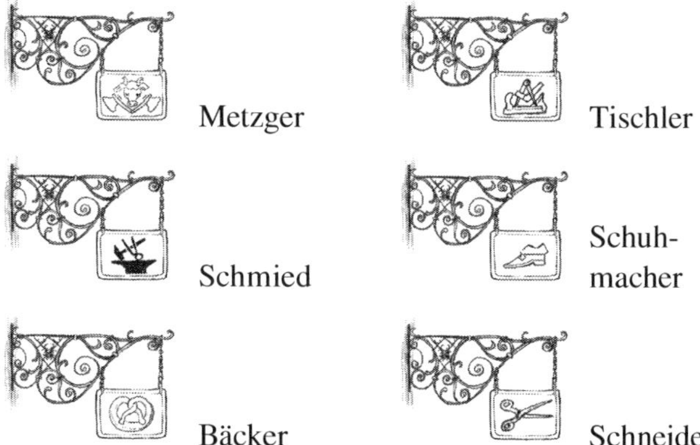

Aufgabe 3:
„Über dem Eingang hängt ein kleiner Holzeimer an einem Haken.“ (Seite 40)

Weiterführende Anregungen
- Die Schüler wählen sich jeweils einen Beruf aus der heutigen Zeit aus, z. B. den ihrer Eltern, und malen ein entsprechendes Zunftzeichen. Verwenden Sie dazu ggf. den leeren Rahmen auf dem Arbeitsblatt als Vorlage. In Kleingruppen von vier bis sechs Schülern kann jeder sein Zunftzeichen präsentieren. Die anderen Gruppenmitglieder erraten jeweils den Beruf.
- Alternativ entwerfen die Schüler ein Zunftzeichen des Berufes, den sie später einmal ausüben möchten, und lassen ihn von den Mitschülern erschließen.
- Gestalten Sie eine Plakatwand mit den Zunftzeichen und lassen Sie die Schüler die dargestellten Berufe erraten. Unter jedes Zeichen, das richtig benannt wurde, wird eine kleine Wortkarte mit der Berufsbezeichnung gehängt.

Weitere Unterrichtsvorschläge

- Burgen dienten nicht nur als Wohnsitze des Adels, sondern waren auch Wehrgebäude. Die Schütt in Burghausen wurde gebaut, um sich vor möglichen Angriffen des Osmanischen Reiches zu schützen. Etwa 40 Jahre nach dem Bau der Schütt, im Jahr 1529, drangen die Türken unter Suleyman I. wirklich bis nach Wien vor (sogenannte Erste Türkenbelagerung).
  - Zeigen Sie den Schülern ein Bild des Sultans Suleyman und schreiben Sie „Angst“ an die Tafel. Die Schüler äußern – ggf. durch Ihren historischen Input unterstützt – Assoziationen, die an der Tafel gesammelt werden: Wer hat vor wem Angst und warum? Was hat das mit der Burg Burghausen und der Schütt zu tun?
  - Ergänzen Sie das Tafelbild durch den Hinweis „Die Türken vor Wien“, den auch Leo nennt. Regen Sie eine Internetrecherche mit folgenden Fragen an: Wann kamen die Türken im Mittelalter bis nach Wien? Wer war damals Herrscher im Osmanischen Reich? Warum kamen sie nach Wien? Haben die Türken Wien erobert? Was passierte?

- In der brenzligen Situation mit dem Aufseher im Pferdestall fällt Leo ein: „Kinder unter vierzehn Jahren darf man nicht verurteilen und nicht verhaften, das kam mal in einem Fernsehfilm vor.“ Klären Sie im Unterrichtsgespräch die Begriffe „Strafmündigkeit“ und „Jugendstrafrecht“: Strafmündig ist, wer alt genug ist, um für eine Straftat die Verantwortung zu übernehmen. In Deutschland liegt diese Grenze heute bei 14 Jahren. Von 14 bis 17 Jahren ist ein Jugendlicher bedingt strafmündig, d. h., er wird nach dem Jugendstrafrecht verurteilt. Statt langen Haftstrafen werden soziale Arbeit, Anti-Gewalt-Trainings oder kurze Arreste als Strafen festgesetzt. Nach individueller Einschätzung kann dieses Jugendstrafrecht auch bei Straftätern bis zum 20. Lebensjahr angewandt werden. Im Spätmittelalter waren Kinder schon ab ungefähr zwölf Jahren voll strafmündig und wurden wie Erwachsene verurteilt. Findest du das gerecht? Was denkst du über die heutigen Gesetze?

- Leo fühlt sich an seinem ersten Abend im Mittelalter sehr einsam. Versetzen Sie die Schüler mithilfe einer Fantasiereise in die Lage, Leos Gefühle in dieser Situation nachzuvollziehen. Die Kinder schließen dazu die Augen und legen ggf. ihren Kopf auf die verschränkten Arme auf den Tisch. Lesen Sie nun die Seiten 39 („Fast von …“) bis 42 („… nur tun?“) aus dem Buch vor. Lassen Sie die Schüler anschließend beschreiben, wie sie sich gefühlt haben. Weiterführend können Sie im Unterrichtsgespräch Schülerideen zu einer Lösung für Leos Problem(e) sammeln: Was würdest du an Leos Stelle tun, um deine Angst zu bewältigen? Was würdest du machen, damit du wieder zurück in deine Zeit gelangst? Lassen Sie die Kinder einen Brief an Leo schreiben, in dem sie ihm Lösungsvorschläge für seine Probleme unterbreiten.

7. bis 9. Kapitel: **Alltag im Mittelalter**

Inhalt

Am nächsten Morgen weckt Käthe Leo mit einem Becher Ziegenmilch und schleust ihn unbemerkt aus der Werkstatt. Er will ehrlich zu ihr sein und erzählt ihr von seiner Zeitreise, doch Käthe glaubt ihm nicht. Vielmehr hält sie Leo für einen Waisenjungen, der von seinem Lohnbauern weggelaufen ist. Sie verspricht, ihm zu helfen und ihm einen Arbeitsplatz auf der Burgbaustelle zu organisieren.

Während Käthe arbeitet und ein gutes Wort für Leo einlegen will, schlendert er durch Burghausen und kommt auf den Markt. Dort gerät er in Verdacht, einen Apfel gestohlen zu haben. Die Marktfrau, die die Äpfel verkauft, setzt sich für ihn ein. Daraufhin hilft Leo ihr und verdient sich damit zwei Äpfel. Die Frau erzählt Leo von der großen Hochzeit in Landshut, bei der 1475 Herzog Georg der Reiche die polnische Königstochter Hedwig heiratete.

Leo sieht sich weiter auf dem Markt um, nimmt den Dreck und die unangenehmen Gerüche wahr, ist aber auch fasziniert von der Geschäftigkeit und dem bunten Treiben. Er gelangt in die Handwerkergassen und schließlich bis an die Salzach. Dort kommen Schiffe an, die Salz aus Hallein an Bord haben. Ab Burghausen wird die kostbare Fracht auf dem Landweg weitertransportiert. Leo wird kurzerhand als Bote engagiert und meldet einem Salzfertiger die Ankunft seines Salzes. Er verdient sich damit einen kleinen Lohn und kauft sich Brezeln und Brötchen gegen seinen Hunger.

Gesprächs- und Schreibanlässe

Käthe nimmt Leos unglaubliche Zeitreisegeschichte nicht ernst. Leo bestätigt schließlich Käthes Vermutung, ein Waisenjunge zu sein, der von seinem Lohnbauern weggelaufen ist.
- Warum tut Leo das?
- Lügt Leo, wenn er Käthes falsche Vermutung bejaht? Diskutiert.
- Hast du auch schon einmal eine Notlüge angewandt? Erzähle.

Erstaunt stellt Leo fest, dass man im Mittelalter nicht nur am Sonntag, sondern jeden Tag in die Kirche geht.
- Warum könnten die Menschen das gemacht haben?
- Gehörst du einer Religion an? Welcher? Gehst du in die Kirche / in die Moschee / zu einem bestimmten Ort und betest mit anderen?
- Machst du das gerne? Warum (nicht)?

Leo findet es schön, dass die Schusterfamilie gemeinsam in der Werkstatt arbeitet und die Eltern zur Arbeit nicht aus dem Haus müssen.
- Wie sieht der Tagesablauf in deiner Familie aus?
- Zu welchen Tageszeiten siehst du deine Eltern und / oder Geschwister?
- Wünschst du dir manchmal einen anderen Tagesablauf? Wie sollte er aussehen? Schreibe einen kurzen Text.

Hinweise zu den Kopiervorlagen

KV Seite 32

Handlanger und Almosen

Leo wundert sich immer wieder über unbekannte Begriffe, die teilweise auch den Schülern nicht geläufig sein werden. Diese Kopiervorlage greift neben zentralen Wörtern auch die zwei Redensarten „Maulaffen feilhalten" und „sich einen faulen Lenz machen" auf, die beide ihren Ursprung im Mittelalter haben. Als „Maulaffen" bezeichnete man tönerne Halterungen, in die man brennende Kienspäne steckte, die als Beleuchtung dienten. Der sprechende Name kommt daher, dass man die Halterungen meist in der Form eines Gesichts mit offenem Mund gestaltete. Die Redensart „sich einen faulen Lenz machen" geht auf die Abkürzung des Eigennamens Lorenz (oder auch: Laurentius) zurück, der als Inbegriff für einen „Faulpelz" oder „Nichtstuer" stand. Später geriet dieser Zusammenhang in Vergessenheit und es entwickelten sich volksetymologische Herleitungen von „faulenzen" und „Lenz = Frühling" im Zusammenhang mit Phänomenen der Frühjahrsmüdigkeit. Wenn Sie die Herkunft der beiden Redensarten thematisieren, bietet es sich an, die Schüler Bilder zur wörtlichen Lesart malen zu lassen und im Klassenzimmer auszuhängen.

Zusätzlich empfiehlt es sich, parallel zur Lektüre ein Glossar anzulegen, um das Textverständnis zu sichern. Folgende Möglichkeiten sind denkbar:

- Gestalten Sie ein Plakat, auf dem die Schüler ihnen unbekannte Wörter eintragen können. Greifen Sie jeweils zum Stundenbeginn, nachdem ein Abschnitt gelesen wurde, diese Wörter auf und klären Sie die Bedeutung. Halten Sie diese auch schriftlich auf dem Plakat fest.
- Die Kinder legen in ihren Heften eine Seite an und notieren hier unbekannte Begriffe. Die Bedeutungen können recherchiert oder wie in Vorschlag 1 im Plenum geklärt werden.

Lösung

Aufgabe 1:

Maulaffen feilhalten: mit offenem Mund staunend dastehen;
sich einen faulen Lenz machen: sich die Arbeit bequem machen, faulenzen

Aufgabe 2:

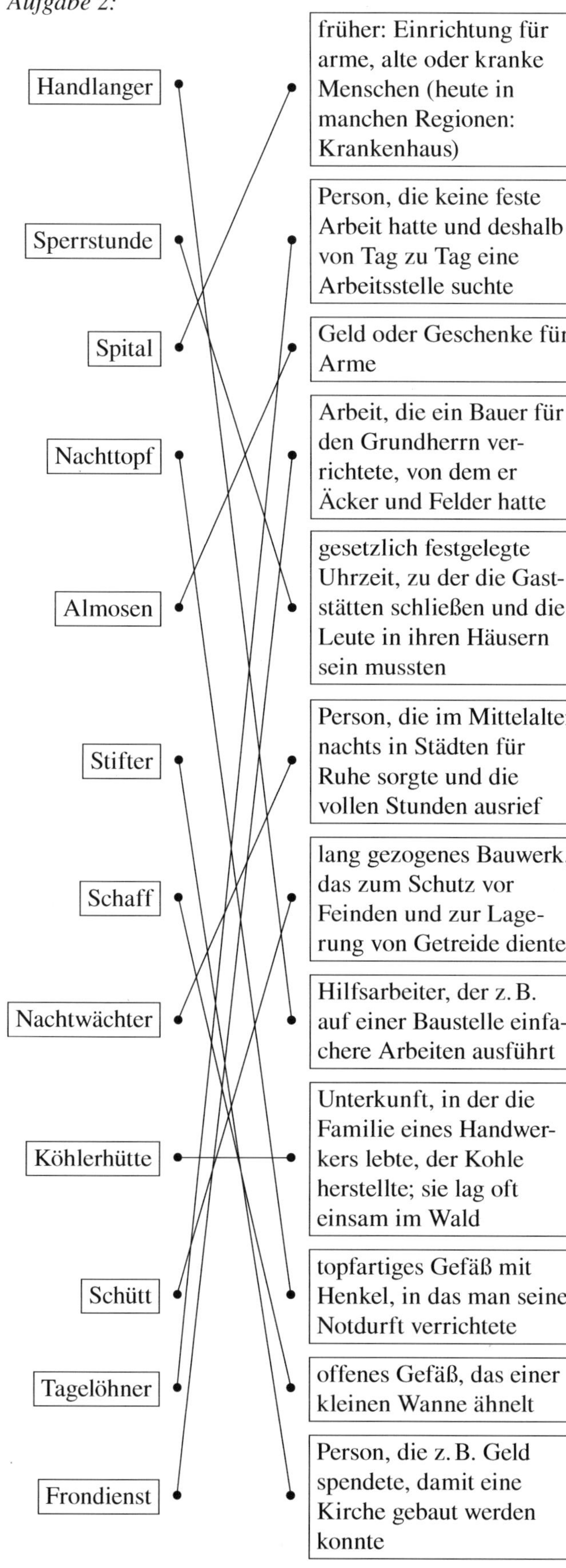

KV Seite 33

Sprache ändert sich

Dieses Arbeitsblatt leitet die Schüler dazu an, über Sprachwandel nachzudenken. Ein kurzer Informationstext thematisiert die Veränderung von Sprache durch den Wandel der Umwelt – einer von mehreren Aspekten, der zum Sprachwandel beiträgt. Auf dem Blatt unterscheiden die Schüler zunächst mittelalterliche Wörter von modernen. In der zweiten Aufgabenstellung erschließen die Kinder Wortbedeutungen aus dem Sinnzusammenhang der Lektüre und übertragen kurze Sätze in eine heute gebräuchliche Ausdrucksweise.

Lösung

Aufgabe 1:

Fernseher, T-Shirt, Computer, Kühlschrank, Auto, U-Bahn

Aufgabe 2:

z. B. Schnell, an die Arbeit!; Dann sag es doch geradeheraus!; Hast du bei einem Bauern gearbeitet?

Weiterführende Anregung

Der Sprachwandel ist ein Phänomen, das die Schüler auch am heutigen Sprachgebrauch erkennen können. Dabei werden z. B. Wörter aus dem Englischen entlehnt.

- Geben Sie den Kindern einige Ausdrücke vor, beispielsweise: Make-up, Gate, Pullover, Software. Alternativ können Sie die Schüler selbst englische Begriffe sammeln lassen, die ihnen in ihrem Alltag begegnen. Die Sprachbeispiele sollten aus unterschiedlichen Lebensbereichen stammen.
- Welches Wort / Welche Wörter hättest du gar nicht als englische(s) erkannt?
- Was bedeuten diese Wörter wörtlich übersetzt? Beispielsweise: aufmachen / Aufmachung, Tor, überziehen / Überzieher, weiche Ware
- Finde jeweils ein deutsches Wort für das englische. Beispielsweise: Schminke, Flugsteig, warmes Oberteil, Datenverarbeitungsprogramm
- Warum benutzen wir die englischen Wörter?

Ziel dieser Übung soll es nicht sein, fremdländische Vokabeln durch deutsche Begriffe zu ersetzen, sondern die Schüler für die natürliche Veränderung von Sprache zu sensibilisieren und die möglichen Gründe hierfür zu erkennen.

Die Landshuter Hochzeit

Die Informationen zur Landshuter Hochzeit sind nicht nur für bayerische Schüler interessant, sie stehen auch exemplarisch für einige Traditionen des Mittelalters (z. B. arrangierte politische Heiraten, opulente Feiern des Adels, Turnierkampf als Unterhaltung).

Zum Stundeneinstieg eignen sich Bilder der Landshuter Hochzeit, die noch heute alle vier Jahre nachgestellt wird (z. B. zu finden auf der offiziellen Homepage der Landshuter Hochzeit: *www.landshuter-hochzeit.de*).

Zur Vorbereitung auf den Sachtext und als Merkhilfe sind die Namen des Brautpaares und die Jahreszahl auf der Kopiervorlage verschlüsselt dargeboten. Sie werden als Lückenwörter eingefügt, wodurch sie sich den Schülern nachhaltig einprägen.

Für die dritte Aufgabe bietet es sich an, zunächst ein „Reihum-Gespräch" durchzuführen: Die Kinder sitzen in Kleingruppen um einen Tisch oder in kleinen Stuhlkreisen zusammen. Ein Schüler beginnt und nennt die erste Station der Landshuter Hochzeit. Das nächste Kind wiederholt den Satz seines Vorgängers, zunächst ohne mögliche Fehler zu verbessern. Anschließend fügt es die folgende Station an. Ist es mit dem Satz des Vorgängers inhaltlich nicht einverstanden, kann es die Berichtigung in seinem Satz unterbringen.

Lösung

Aufgabe 1:

Herzog Georg der Reiche heiratete im Jahr 1475 die polnische Königstochter Hedwig.

Aufgabe 3:

- Empfang der Braut in Wittenberg von Vertretern des Herzogs
- Weiterreise nach Landshut
- Beginn der Festwoche in Landshut mit einem Turnier (am Vorabend der Ankunft des Brautzugs)
- Feierlicher Empfang des Brautzugs in Landshut
- Trauung in der Martinskirche
- Tagelanges Feiern mit Essen, Tanz und Turnieren

Weiterführende Anregungen

- Ein Stammbaum kann den Schülern die Verwandtschaft der historischen Personen, die im Roman auftauchen, verdeutlichen. Zeichnen Sie das folgende Stammbaumraster zunächst ohne Namen an die Tafel, gemeinsam mit den Kindern füllen Sie die leeren Kästchen anschließend im Klassengespräch.

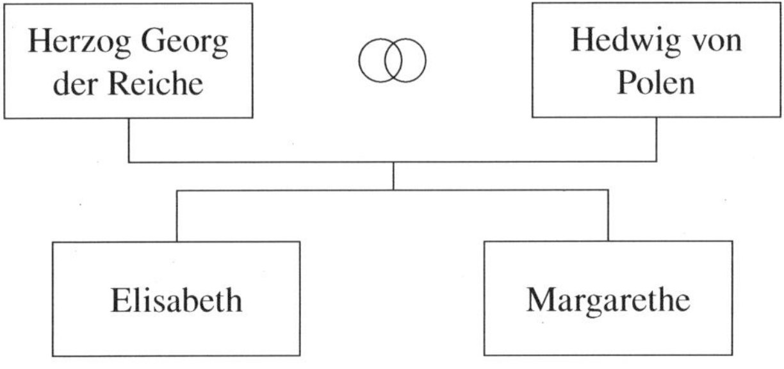

Lassen Sie die Kinder als Hausaufgabe jeweils Informationen über ihre eigene Familie sammeln und einen Stammbaum mit Eltern, Geschwistern und Großeltern erstellen. Motivierte Kinder können ein großes Plakat mit dem Stammbaum gestalten, Tanten, Onkel und Urgroßeltern ergänzen, Fotos mitaufkleben oder Porträts der Personen malen.

- Regen Sie eine Recherche zur nachgespielten Landshuter Hochzeit unter *www.landshuter-hochzeit.de* an. Lassen Sie die Schüler ein Plakat mit Fakten und Bildern gestalten.

KV Seite 35

Immer der Nase nach

Der Gestank in Städten und auf Burgen im Mittelalter ist berüchtigt. Fertigen Sie zum Stundeneinstieg kleine Dosen mit Duftproben an (z. B. Lavendel, Taschentuch mit Parfum, Zwiebel, Waschpulver, Zimtstange) und lassen Sie die Schüler mit geschlossenen oder verbundenen Augen die unterschiedlichen Gerüche wahrnehmen und bewerten. Alternativ können Sie mit den Kindern Dinge sammeln, die entweder duften oder stinken, und die Begriffe an die Tafel schreiben. Stellen Sie nun die Verbindung zum Roman her, in dem Leo immer wieder den Unrat und den damit verbundenen Gestank in den Straßen wahrnimmt. Die Kopiervorlage thematisiert darüber hinaus auch die Konsequenzen. Mangelnde Hygiene war der Nährboden für Krankheiten, wie beispielsweise die Pest.

Lösung

1. ☒ Nach der Benutzung wurde der Inhalt des Nachttopfs einfach aus dem Fenster gekippt.
2. ☒ Die Haufen blieben liegen und stanken.
3. ☒ Der Unrat sammelte sich auf der Straße.
4. ☒ Das begünstigte die Ausbreitung von Krankheiten.
5. ☒ Ratten und ihre Rattenflöhe steckten Menschen mit der Pest an.

Weiterführende Anregungen

- Thematisieren Sie, dass Leo den Gestank in den Gassen intensiv wahrnimmt, weil er ihn nicht gewohnt ist. Der Gestank hat die Menschen im Mittelalter wohl kaum beeinträchtigt. Um den Kindern diesen Gewöhnungseffekt zu verdeutlichen, können sie parallele Beispiele sammeln: Wer an einer stark befahrenen Straße wohnt, nimmt meist den Verkehrslärm dort weniger wahr als ein Besucher aus einer ruhigen Wohngegend.
- Sammeln Sie mit den Schülern Redensarten zum Thema „Riechen/Nase", z. B. „immer der Nase nach", „jemanden nicht riechen können", „die Nase voll haben", „seine Nase in etwas hineinstecken", „sich eine goldene Nase verdienen", „jemanden an der Nase herumführen", „auf die Nase fallen", „jemandem auf der Nase herumtanzen", „jemandem etwas auf die Nase binden", „jemandem etwas unter die Nase reiben", „jemandem vor der Nase wegfahren", „den Braten riechen".

Salz

Stellen Sie zum Einstieg in das Thema „Salz" kleine Schälchen mit ähnlich aussehenden Nahrungsmitteln auf: z. B. Mehl, Grieß, Zucker und Salz. Nummerieren Sie die Schälchen durch. Die Schüler stippen mit einem Finger in jedes Schälchen, probieren und versuchen am Geschmack zu erkennen, um welches Lebensmittel es sich handelt. Sie notieren sich auf einem Zettel die Nummern der Schälchen und ihre Vermutungen. Lösen Sie im Plenum auf, um welche Nahrungsmittel es sich handelt. Schreiben Sie nun den Begriff „Weißes Gold" an die Tafel und geben Sie den Hinweis, dass eines der Nahrungsmittel, die für uns heute alltäglich sind und abgepackt gekauft werden können, im Mittelalter sehr wertvoll und vor allem wichtig war, weil damit Lebensmittel haltbar gemacht werden konnten. Aus dem Transport und dem Handel mit Salz schlugen die Adeligen, Klöster und Städte mit Zöllen und Steuern Gewinn. Salzfertiger und Kaufleute konnten zu großem Reichtum gelangen. (Auch Zucker war übrigens ein teures Nahrungsmittel, zum Süßen verwendete man meist Honig.)

Leo beobachtet, wie diese wertvolle Ware in Burghausen mit großen Kähnen ankommt, und wird kurzerhand zum Boten eines Salzfertigers. Woher kommt das Salz? Was passiert damit? Was haben Georg der Reiche und Burghausen damit zu tun? Diese Fragen beantwortet das Arbeitsblatt, indem die Kinder den Handelsweg des Salzes auf einer Landkarte verfolgen und die Textabschnitte in die richtige Reihenfolge bringen.

Nach Aufgabe 2 bietet es sich an, leistungsstärkere Schüler weitere Zusammensetzungen mit „Salz-/salz-" sammeln zu lassen. Leistungsschwächere Kinder können in Kleingruppen zusammenarbeiten.

Lösung

Aufgabe 1:

5	Der Herzog nahm Geld dafür, dass die Salzhändler ihr Salz auf „seiner" Salzach transportierten. Der Mautner trieb in seinem Dienst beim Entladen der Schiffe das Geld ein.
4	Auf den Schiffen schipperten die Scheiben den Fluss entlang bis Burghausen. Erst dort durften sie an Land gebracht werden.

3	Die Scheiben wurden auf Schiffe verladen und auf der Salzach transportiert.
1	Das Salz wurde in unterirdischen Salzbergwerken abgebaut. Das war in Hallein.
2	Nach oben gebracht, wurde das Salz in große Fässer gefüllt. Diese Fässer nannte man „Scheiben".
6	Nachdem der Mautner seine Arbeit erledigt hatte, nahmen die Salzfertiger ihre Scheiben in Empfang. Nun konnte das Salz auf Fuhrwerke verladen werden, um es auf dem Landweg weiterzutransportieren.
7	Schließlich konnten die Menschen das Salz in ihrer Nähe teuer einkaufen.

Aufgabe 2:
Salzkartoffeln, Salzbergwerk, Salzwasser, salzlos, Salzteig, salzhaltig, salzig, salzarm, Salzstange, Salzstreuer

Weiterführende Anregungen

- Die Regionen um Hallein und Salzburg sind für ihr Salzvorkommen berühmt. Die Schüler recherchieren, für welches Gut oder Produkt ihre Stadt oder Region bekannt ist.
- Lassen Sie die Kinder den Namen „Salzach" erschließen. Der Fluss trägt diesen Namen, weil auf ihm Salz transportiert wurde.

Weiterer Unterrichtsvorschlag

Leos Streifzug durch Burghausen bietet die Möglichkeit, die Anlage mittelalterlicher Städte zu thematisieren. Legen Sie den Schülern den Plan einer nahe gelegenen Stadt mit historischer Altstadt vor. Die Kinder markieren anhand folgender Fragen bestimmte Orte:

- Sind Teile der Stadtmauer und -tore zu erkennen? Wo könnte die mittelalterliche Mauer verlaufen sein?
- An welchen Stellen war/ist der Marktplatz? Wo befindet er sich idealerweise? Welche Gebäude liegen darum herum?
- Wie lauten die Straßennamen in der Nähe des Marktplatzes? Markiere Straßennamen, die auf mittelalterliche Handwerksberufe hinweisen.

Organisieren Sie ggf. einen Unterrichtsgang in die historische Altstadt, um alles vor Ort zu betrachten.

10. bis 13. Kapitel: **Rätsel um die geheimnisvolle Brosche**

Inhalt

Am nächsten Morgen darf Leo durch Käthes Hilfe auf der Burgbaustelle arbeiten, um sich Essen zu verdienen und einen Schlafplatz zu bekommen. Käthe erzählt begeistert, dass sie an der Schildmauer, also an der Hauptburg, eingesetzt werden, wo die Herzogin mit ihren beiden Töchtern, Elisabeth und Margarethe, wohnt und einfache Bürger normalerweise keinen Zutritt haben.

Leo ist beeindruckt vom Herzstück der Burganlage und macht sich Hoffnungen, hier einen Rückweg in die Gegenwart zu finden. Auf der Schildmauer arbeitet er neben einem Tretkran und muss die Hohlräume zwischen den Mauerwänden mit Erde auffüllen, die der Kran mit der Muskelkraft eines Arbeiters nach oben befördert.

Während der Arbeit kann er im Burghof beobachten, dass sich die Herzogstochter Elisabeth mit Käthe unterhält. In der Mittagspause passiert jedoch etwas Ungeheuerliches: Aus Käthes Brotbeutel fällt eine goldene, mit Edelsteinen besetzte Brosche. Allen ist klar, dass sie nur Elisabeth gehören kann. Käthe wird beschuldigt, die Brosche gestohlen zu haben, und von zwei Wachen abgeführt – Leo bleibt entsetzt zurück. Er versucht, Pläne zu entwerfen, um Käthe zu retten, und erfährt schließlich von einem Bauarbeiter, dass nur der Herzog selbst sie begnadigen kann.

Überraschend trifft der Herzog ein und reitet an den Arbeitern vorbei in die Hauptburg, wo Elisabeth ihn freudig begrüßt. Da hat Leo die Idee, dass Elisabeth ihren Vater überzeugen könnte, Käthe zu begnadigen.

Kurz nach Feierabend ergreift Leo die Chance und verschafft sich Zugang zum Inneren der Hauptburg, was bei hoher Strafe verboten ist. Aber Leo scheut kein Risiko, um seiner Freundin zu helfen. Zu seinem Glück wird er für einen Küchenjungen gehalten und kann herausfinden, in welchem Raum die Familie des Herzogs zu Abend isst.

Gesprächs- und Schreibanlässe

Käthe erzählt Leo, dass sie einmal einen Mann heiraten wird, den ihr Vater für sie aussucht.

- Wen wird Käthe vermutlich heiraten? Warum?

- Warum haben deine Eltern geheiratet? Frage zu Hause nach und erzähle.
- Wie stellst du dir deine Zukunft vor? Möchtest du jemanden heiraten, den dein Vater/deine Eltern für dich aussuchen? Warum (nicht)?

Als Leo von der Burgbaustelle aus beobachtet, wie sich Elisabeth mit Käthe unterhält, denkt er: „Das hätte ich nicht geglaubt, dass eine Herzogstochter so freundlich ist und sich mit einer Handlangerin von der Baustelle unterhält. Ich dachte, alle Prinzessinnen wären hochnäsig." (Seite 80)

- Hast du auch schon einmal jemandem wegen seiner Herkunft oder seines Aussehens eine bestimmte Eigenschaft zugeschrieben? Warum (nicht)?
- Hat sich dieses Vorurteil bestätigt? Erzähle.

Käthe wird beschuldigt, Elisabeths Brosche gestohlen zu haben.

- Hat Käthe die Brosche wirklich gestohlen? Diskutiert.
- Wie wird Käthe in dem Buch beschrieben? Kann man ihr eine solche Straftat zutrauen? Welche Gründe könnte Käthe für diesen Diebstahl haben?
- Wurde ein Freund oder eine Freundin von dir schon einmal beschuldigt, etwas Verbotenes getan zu haben? Wie hast du reagiert? Erzähle.

Am Ende des 13. Kapitels ist Leo zwar in Elisabeths Nähe, trotzdem weiß er noch nicht, wie er mit ihr Kontakt aufnehmen kann, um Käthe zu retten.

- Welche Ideen hast du, um Leo zu helfen?
- Schreibe einen Brief an Leo, in dem du ihm Vorschläge machst.

Hinweise zu den Kopiervorlagen

Auf der Baustelle

Das Arbeitsblatt thematisiert den Tretkran auf der Burgbaustelle. Aufgabe 1 und 2 verdeutlichen anhand einer Illustration und eines Lückentextes die Konstruktion und Funktionsweise. Geben Sie für die Recherche in Aufgabe 3 den genauen Krantyp an, mit dem der mittelalterliche Kran verglichen werden soll, und zwar mit einem modernen Turm- bzw. Baukran. Schwächeren Schülern können Sie eine von Ihnen gewählte Kranabbildung, die ggf. bereits beschriftet ist, an die Hand geben.

Lösung

Aufgabe 1:

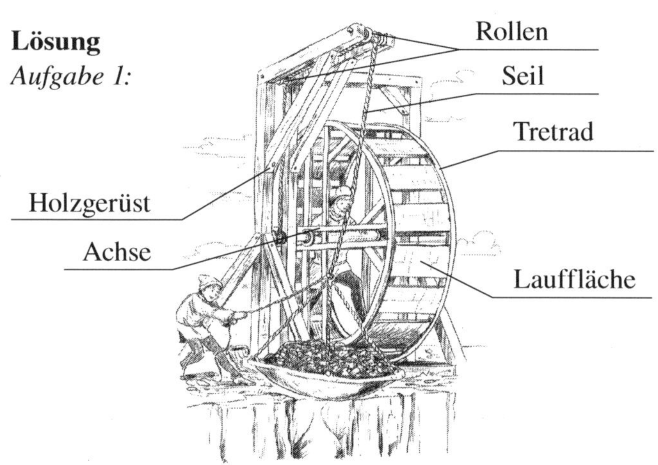

Aufgabe 2:

Der Mann in dem Rad läuft. Dadurch dreht sich das Rad und wickelt das Seil an der Achse auf. An dem Seil hängt eine Last. [...] Durch das Aufwickeln des langen Seils wird Kraft gespart und die Last leichter nach oben gezogen.

Aufgabe 3:

Gemeinsamkeiten: Rollen, Seil (verändertes Material), Seilwinde, Gerüst (verändertes Material)

Unterschiede: Motor statt Muskelkraft, kein Tretrad mit Lauffläche, deshalb auch keine Achse mit Seilwinde, Kranführerkabine

Rund um den Ritter

Diese Kopiervorlage gibt Grundinformationen zur Ausbildung und Ethik des Ritterstandes. Die Schüler lesen die Texte und finden jeweils eine passende Überschrift. Stellen Sie leistungsschwächeren Kindern passende Begriffe als Wortspeicher zur Verfügung.

Beispiellösung

Aufgabe 2:

Ausbildung – Schwertleite – Tugenden – Aufgaben

Weiterführende Anregung

Meist gibt es bei den Schülern einiges Vorwissen zum Thema „Ritter", allerdings verbunden mit einer gewissen Romantisierung oder Verklärung. Sensibilisieren Sie die Kinder dafür, dass das Leben eines Ritters nicht nur mit positiven Seiten besetzt war:

- Das Kämpfen in Kriegen bedeutete Gefahr. Treue gegenüber dem Herrn hieß auch, für ihn zu sterben.
- Die Teilnahme an Ritterturnieren war ebenfalls ein ernster Kampf, der Verletzungen mit sich bringen konnte.
- Körperliche Fitness und Training waren Voraussetzung für den Erfolg eines Ritters. Das war harte Arbeit.

Regen Sie ausgehend von diesen Impulsen eine Internetrecherche an, bei der die Schüler sich mit einem dieser Aspekte auseinandersetzen.

KV Seite 39

Wappen
Adelige und Ritter nutzten Wappen auf Fahnen, Rüstung und Waffen, um sich damit ein persönliches Erkennungszeichen anzulegen. Im späten Mittelalter war es aufgrund der Vielzahl an Wappen gar nicht mehr möglich, sich jedes Wappen zu merken, weshalb sie in Wappenbücher eingetragen wurden.

Wappenkunde / Heraldik
Die Gestaltung der Wappen erfolgte nach bestimmten Regeln, die in der Wappenkunde bzw. Heraldik festgelegt sind: Ein Wappen wurde meist in zwei oder mehr Bereiche eingeteilt, also geteilt, geviertelt, gekreuzt usw. Jedes Feld wurde mit bestimmten Formen oder Figuren gestaltet. Farben und Motive hatten jeweils eine besondere Bedeutung und sagten etwas über Name, Beruf, Herkunft oder persönliche Vorlieben des Trägers aus. Häufige Wappenfiguren waren Gestirne (Sonne, Mond), Pflanzen (Lilie, Rose, Blätter), Werkzeuge (Axt, Schwert) oder Tiere (Adler, Löwe, Fuchs, Biene). Die gebräuchlichsten Farben waren Rot, Blau, Schwarz, Grün und Purpur und die Metalle Gold (Gelb) und Silber (Weiß). Bei der Farbgestaltung durfte nicht Farbe auf Farbe oder Metall auf Metall dargestellt werden, sondern immer Farbe auf Metall oder umgekehrt.

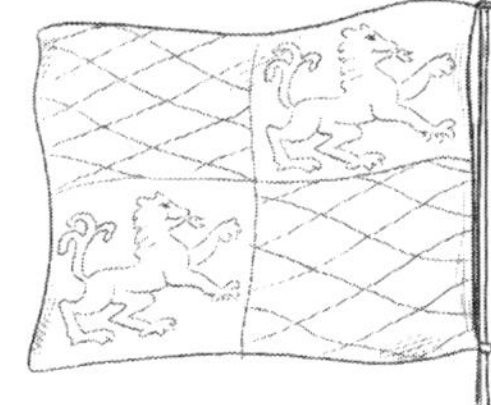

Lassen Sie die Schüler anhand des Wappens Herzog Georgs des Reichen ggf. die Wahl des Löwen als Wappentier deuten: Löwe = Stärke.

Für die Gestaltung des persönlichen Wappens in Aufgabe 2 können Sie die Kinder entweder eigene kreative Ideen entwickeln lassen (z. B. Lieblingsfarben, -tiere, -speisen, -fächer, Hobbys) oder fächerübergreifend im Kunstunterricht auf Farb- (z. B. Rot = Signalfarbe, Aggressivität, Liebe, Wärme; Weiß = Unschuld; Schwarz = Trauer; Grün = Natur, Hoffnung) und Motivsymbolik (z. B. Biene = fleißig; Fuchs = schlau; Eule = weise) und die Heraldik eingehen. Im Anschluss bietet es sich an, die Schüler ihre Wappen in Kleingruppen oder vor der ganzen Klasse vorstellen und die Wahl ihrer Farben und Symbole erklären zu lassen.

Lösung
Aufgabe 1:
weiß-blaue Rauten; goldene (gelbe) Löwen auf schwarzem Grund

KV Seite 40

In der Hauptburg
Durch einen Sachtext lernen die Schüler den Aufbau und die Struktur einer prototypischen Burg mit den zentralen Gebäuden und deren Funktion kennen. Überlegen Sie gemeinsam, in welche Gebäude Leo in der Hauptburg gelangt. Zur Orientierung können die Schüler zusätzlich das Arbeitsblatt „Die Burg Burghausen" (Seite 25) zur Hand nehmen.

Lösung
Aufgabe 2:

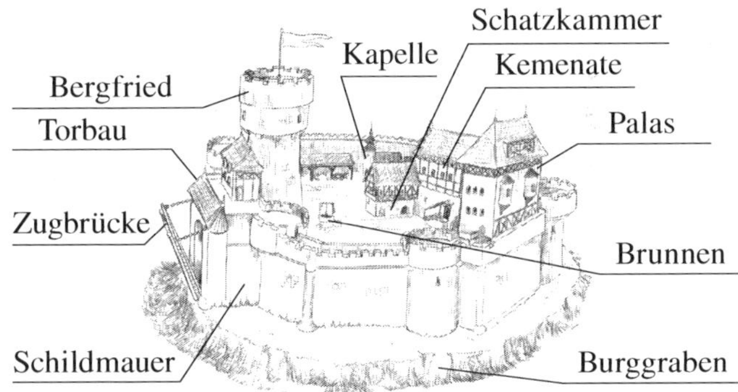

KV Seite 41

Käthe unter Verdacht
Die Schüler verbinden die Satzanfänge mit den passenden Enden und sichern damit das Textverständnis des 11. Kapitels. Leistungsschwächere Kinder können das Buch zu Hilfe nehmen. Lassen Sie im Suchbild in Aufgabe 2 zusätzlich die Fehler der „falschen" Broschen kennzeichnen.

Lösung
Aufgabe 1:

Leo arbeitet auf der Schildmauer, …	als er plötzlich Prinzessin Elisabeth erblickt.
Elisabeth bleibt bei Käthe stehen …	und spricht sie an.
Elisabeth befiehlt Käthe, …	die Rosen im Garten zu gießen.
Während Käthe die Rosen gießt, …	redet die Prinzessin die ganze Zeit mit ihr.

Käthe und Elisabeth verschwinden unter einer Rosenlaube, …	sodass Leo sie nicht mehr sieht.
Als Käthe beim Mittagessen ihr Brot aus dem Beutel holt, …	fällt etwas Glänzendes heraus.
Käthe nimmt den blinkenden Gegenstand schnell in ihre Hand …	und versucht, ihn zu verstecken.
Aber der Meister der Steinmetzen hat es gesehen und packt ihren Arm, …	sodass Käthe ihre Hand öffnet.
Eine goldene Brosche kommt zum Vorschein, …	die nicht Käthe gehören kann.
Jeder weiß, …	dass die Brosche Elisabeth gehören muss.

Aufgabe 2:

 ☐ 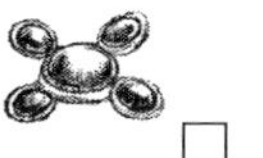 ☐  ☒  ☐

14. bis 16. Kapitel:
Ende gut, alles gut!

Inhalt

Nachdem Leos Küchendienst zu Ende ist, schleicht er sich vor den herzoglichen Speisesaal und versteckt sich hinter einem Vorhang. Als Elisabeth und Margarethe den Saal verlassen, um ins Bett zu gehen, macht Leo sich leise bemerkbar. Zunächst scheint es, als ob Elisabeth ihn ignoriert, doch nach einer Weile kommt sie zu ihm zurück. Leo schildert ihr Käthes Lage und bittet sie um Hilfe. Elisabeth, die mit einer Nachricht von ihrem Freund Johannes gerechnet hat, ist entsetzt.

Plötzlich steht der Herzog vor ihnen und stellt die beiden zur Rede. Er ist entrüstet, dass es jemand geschafft hat, in das Innerste der Burganlage vorzudringen, und dass seine Tochter sich mit einem Jungen von niederem Stand unterhält. Nun klärt sich alles auf: Elisabeth hat Käthe gebeten, ihrem guten Freund Johannes die Brosche zu übergeben, um ein letztes gemeinsames Treffen zu arrangieren. Käthes Unschuld ist bewiesen und der Herzog willigt ein, sie aus dem Arrest zu entlassen.

Leo wird aus der Burg gebracht. Er überbringt Käthes Eltern die frohe Nachricht von der Begnadigung. Kurze Zeit später trifft Käthe selbst ein und bedankt sich bei Leo für die Rettung.

Doch plötzlich scheint sich Käthe immer weiter von Leo zu entfernen und – er erwacht neben seiner Mutter auf der Bank am Aussichtsplatz der Burg Burghausen.

Leo kann nicht glauben, dass seine Abenteuer im Mittelalter nur ein Traum gewesen sein sollen, zumal er alle Gebäude der Burg wiedererkennt und auch erfährt, dass es Elisabeth und Margarethe, die Töchter des Herzogs Georg des Reichen, wirklich gegeben hat. Und dann bekommt er kurze Zeit später auch noch eine SMS von Lea: Sie berichtet ihm von einem merkwürdigen Traum, in dem Leo und sie im Mittelalter waren. Die Frage um die Zeitreise bleibt für Leo offen, doch er nimmt sich vor, gemeinsam mit Lea nach ihrem Urlaub der Sache auf den Grund zu gehen …

Gesprächs- und Schreibanlässe

Als Leo sich hinter dem Vorhang versteckt, wendet er eine Methode an, um gegen seine Aufgeregtheit und Angst anzukämpfen.

- Was macht er? Hilft es?
- Kennst du auch eine ähnliche Methode, die dir schon einmal geholfen hat?
- Was machst du noch, wenn du aufgeregt bist oder große Angst hast?

Elisabeth soll als Buße eine Wallfahrt machen.

- Was ist eine Wallfahrt?
- Warum macht man heute eine Wallfahrt?
- Hast du auch schon einmal eine Wallfahrt gemacht?

„Ich drücke mich noch einmal fest an Mama. Mir ist gerade danach. Weil ich schließlich so lange nicht wusste, wie ich wieder zu ihr und Papa finden kann.“ (Seite 117)

- Warum hat Leo das Bedürfnis, seine Mutter zu umarmen? Wie fühlt er sich vermutlich nach seinem Abenteuer?

- Wann wolltest du deine Eltern schon einmal fest umarmen? Wie hast du dich dabei gefühlt?

Hinweise zu den Kopiervorlagen

KV Seite 42

Speisen wie im Mittelalter

Je nach Stand unterschieden sich die Mahlzeiten im Mittelalter erheblich. Das Arbeitsblatt informiert die Schüler über einige Essgewohnheiten. Im Roman wird Milchreis mit Honig, Zimt und Mandeln für die Prinzessin Elisabeth als besondere Nachspeise hervorgehoben. Klären Sie im Klassengespräch, warum dieser für Leo so gewöhnlich wirkende Nachtisch im Mittelalter etwas ganz Besonderes war. Daran anknüpfend lernen die Kinder die Textgattung Rezept kennen. Aus den vorgegebenen Arbeitsschritten erstellen sie eine Zutatenliste. Sicher macht es den Kindern Spaß, das Rezept anschließend nachzukochen.

Lösung

Aufgabe 1:

50 g Butter	4 TL Honig
1 l Milch	1 Prise Zimt
1 Prise Salz	50 g Mandelblättchen
250 g Milchreis	

KV Seite 43

Die Auflösung

Die Schüler rekapitulieren das Geschehen des 14. und 15. Kapitels und prüfen, ob sie alles genau gelesen haben. Die Rätselform motiviert und ermöglicht durch das Lösungswort eine Selbstkontrolle.

Lösung

1.					P	A	G	E	N					
2.		F	E	N	S	T	E	R	N	I	S	C	H	E
3.					H	E	R	Z	O	G				
4.						B	E	T	T					
5.				G	E	S	T	O	H	L	E	N		
6.					W	Ü	T	E	N	D				
7.	B	R	O	S	C	H	E							
8.					K	Ä	T	H	E					

Lösungswort: GERETTET!

KV Seite 44

Gute Freunde

Leo versucht alles, um Käthe zu retten. Bei seinen Abenteuern im Mittelalter ist zwischen ihm und Käthe eine gute Freundschaft entstanden. Daran anknüpfend regt das Arbeitsblatt an, über Freundschaft nachzudenken. Schreiben Sie für leistungsschwächere Schüler zu Aufgabe 3 Adjektive als Auswahlmöglichkeiten an die Tafel, z. B. mutig, ehrlich, lustig, zuverlässig, klug, großzügig, hilfsbereit, fröhlich, verständnisvoll. Stellen Sie nach der Bearbeitung eine kritische Rückfrage an die Kinder: Bist du selbst auch das für deinen Freund, was du dir von ihm wünschst? Das Arbeitsblatt kann als inhaltliche Grundlage für die folgende Kopiervorlage „Dichterwerkstatt" (Seite 45) dienen.

Beispiellösung

Aufgabe 1:

Käthe hat Leo in der Werkstatt ihres Vaters übernachten lassen, ihm Ziegenmilch zu trinken gegeben und ihm Arbeit auf der Burgbaustelle besorgt.

Leo hat sich für Käthe in die Hauptburg geschlichen, Elisabeth aufgesucht und den Herzog um Käthes Begnadigung gebeten.

KV Seite 45

Dichterwerkstatt

Die Baupläne der Gedichtformen Akrostichon, Wiederholungsgedicht und Elfchen werden vorgestellt und anhand von Beispielen erläutert. Jeder Schüler wählt sich eine Gedichtform aus und schreibt nach der konkreten Anweisung rund um das Thema „Freundschaft" ein Gedicht. Die Gedanken über Freundschaft von der Kopiervorlage „Gute Freunde" (Seite 44) können den Kindern dabei helfen. Anschließend bietet es sich an, die Gedichte mit Verzierungen und Bildern auf farbiges Papier zu übertragen. Daraus kann auf einem Plakat eine schöne Freundschafts-Collage entstehen. Motivierte Schüler können weitere Gedichte zum Thema „Freundschaft" verfassen und dabei das genaue Thema oder die Gedichtform frei wählen.

KV Seite 46

Leos Brief

Auf diesem Arbeitsblatt entschlüsseln die Schüler einen Brief von Leo an Käthe, in dem er sich für ihre Hilfe im Mittelalter bedankt. Durch genaues und aufmerksames Lesen können die Kinder die Wörter aus dem Buchstabensalat finden und diese zu einem sinnvollen Brief zusammenstellen. Dabei ist auch auf die Groß- und Kleinschreibung und die Zeichensetzung zu achten. Die anschließende Diskussionsfrage geht auf den offenen Schluss des Romans ein.

Lösung
Aufgabe 1:
Liebe Käthe,
bist du nun wirklich Käthe oder bist du Lea? Ist ja auch egal. Ich wollte dir jedenfalls danken, dass du mir immer geholfen hast. Komm mich doch mal in meinen Träumen besuchen!
Dein Leo

Weiterer Unterrichtsvorschlag

Schreibe die Handlung rund um die Brosche aus Käthes Sicht auf. Beginne bei dem Gespräch mit Elisabeth im Rosengarten und ende mit Käthes Rettung aus dem Verlies. Beachte dabei, dass Käthe die ganze Zeit gewusst hat, dass sie die Brosche nicht gestohlen hat. Beschreibe auch Käthes Gefühle, als sie zu Unrecht verhaftet wird und im Verlies sitzt.

Nach der Lektüre

Hinweise zu den Kopiervorlagen

Unsere Lektüre
Mit diesem Arbeitsblatt kann jeder Schüler sein eigenes kleines Buch zur Lektüre basteln: Das Blatt wird einmal an der Längsseite und anschließend die einzelnen Buchseiten wie eine Ziehharmonika gefaltet. Auf dem Cover tragen die Kinder den Titel der Lektüre und darunter ihren eigenen Namen ein. Jede Innenseite bietet Platz, um die Szene aus dem Buch kurz zu beschreiben. So entsteht eine kleine Nacherzählung des Romans. Jedes Kind kann die Bilder individuell anmalen und die Buchseiten mit Verzierungen gestalten. Anschließend werden die Büchlein vor der Klasse präsentiert.

Damit die Schüler mehr Platz zum Schreiben haben, können Sie das Buch auf DIN A3 vergrößert kopieren.

Beispiellösung
Seite 2: Bei einer Burgbesichtigung gelangt Leo ins Mittelalter und lernt Käthe kennen, die ihn an seine beste Freundin Lea erinnert.
Seite 3: Bei dem Versuch, einen Rückweg zu finden, wird Leo von einem Aufseher ertappt und erpresst.
Seite 4: Leo schlendert durch das mittelalterliche Burghausen, sieht viele interessante Dinge und ist fasziniert vom bunten Markttreiben.
Seite 5: Käthe verhilft Leo zu einem Arbeitsplatz auf der Burgbaustelle, wo Leo neben einem Tretkran arbeitet.
Seite 6: In der Mittagspause fällt Käthe die Brosche der Herzogstochter Elisabeth aus dem Beutel. Sie wird wegen Diebstahls verhaftet.
Seite 7: Leo schleicht sich in die Hauptburg, um Elisabeth um Hilfe für Käthe zu bitten. Dort klärt sich das Missverständnis um die Brosche auf.
Seite 8: Käthe hat die Brosche nicht gestohlen, wird freigelassen und dankt Leo für seine Hilfe.

KV Seite 48

Meine Meinung zum Buch
Mit der Buchbesprechung reflektieren die Schüler rückblickend den Inhalt und die Gestaltung des Buchs und ihr ganz individuelles Leseerlebnis. Gleichzeitig erhalten Sie dadurch ein interessantes Feedback, an dem Sie sich bei der künftigen Lektüreauswahl orientieren können.

Mittelalter

An was denkst du, wenn du das Wort „Mittelalter“ hörst? Ergänze eigene Begriffe.

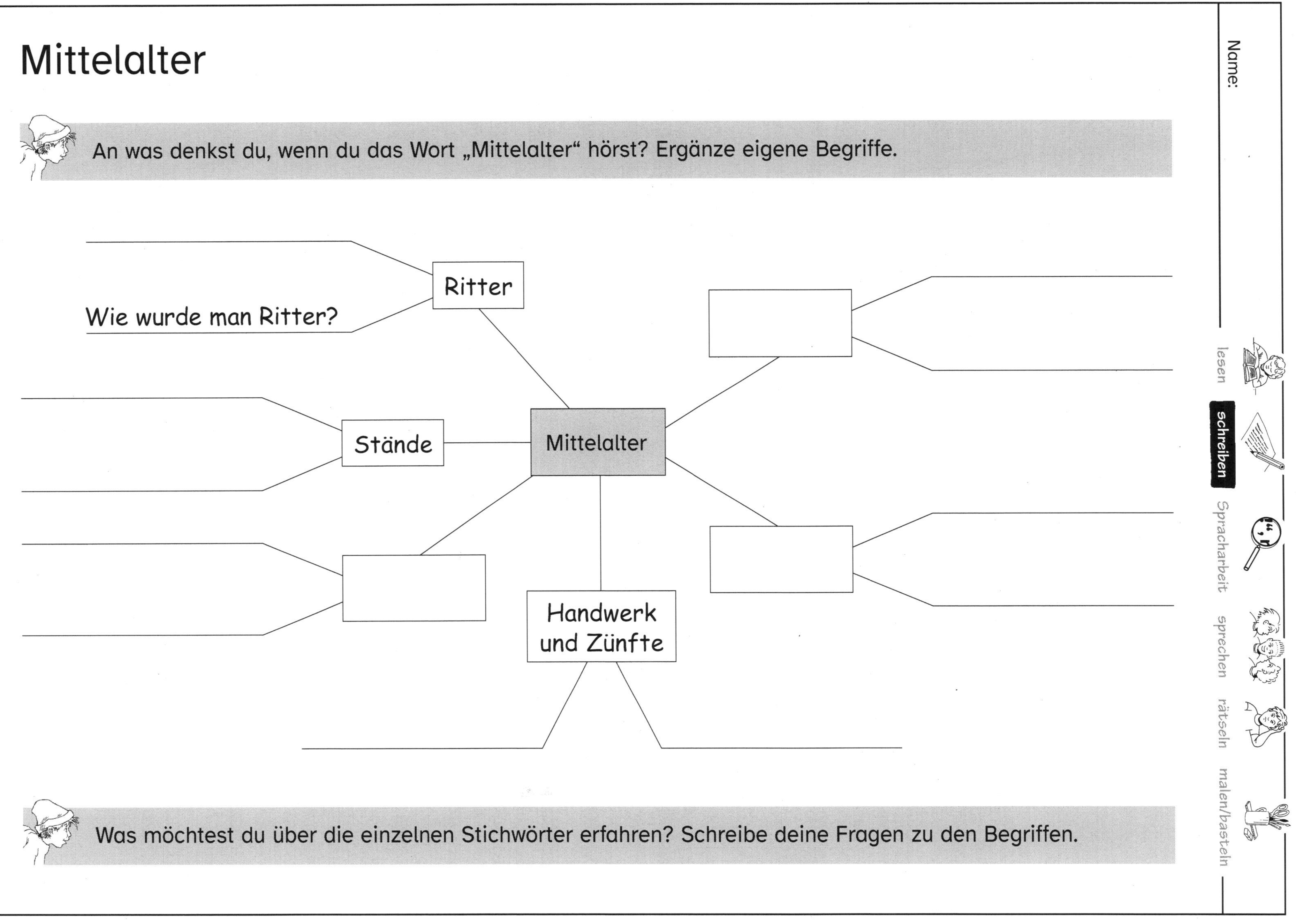

Was möchtest du über die einzelnen Stichwörter erfahren? Schreibe deine Fragen zu den Begriffen.

Name:

lesen **schreiben** Spracharbeit sprechen rätseln malen/basteln

Mein Lesetagebuch

Trage ein, wann du die Kapitel aus dem Buch gelesen hast. Finde für jedes Kapitel eine Überschrift. Überlege dir, wie sich Leo in diesem Kapitel gefühlt hat, und male den entsprechenden Smiley aus.

Kapitel	Datum	Meine Kapitelüberschrift	Leos Gefühle
1. Kapitel			☺ 😐 ☹
2. Kapitel			☺ 😐 ☹
3. Kapitel			☺ 😐 ☹
4. Kapitel			☺ 😐 ☹
5. Kapitel			☺ 😐 ☹
6. Kapitel			☺ 😐 ☹
7. Kapitel			☺ 😐 ☹
8. Kapitel			☺ 😐 ☹
9. Kapitel			☺ 😐 ☹
10. Kapitel			☺ 😐 ☹
11. Kapitel			☺ 😐 ☹
12. Kapitel			☺ 😐 ☹
13. Kapitel			☺ 😐 ☹
14. Kapitel			☺ 😐 ☹
15. Kapitel			☺ 😐 ☹
16. Kapitel			☺ 😐 ☹

Name:

lesen **schreiben** Spracharbeit sprechen **rätseln** malen/basteln

Was ich über Leo schon weiß

Richtig oder falsch? Kreise ein.

Tipp: Lies im 1. und 2. Kapitel nach.

	richtig	falsch
An einem heißen Sommertag macht Leo mit seinen Eltern einen Ausflug.	N	E
Seine Freundin Lea kommt auch mit.	T	E
Leo soll mit seinen Eltern eine alte Burg besichtigen.	S	L
Leo freut sich auf die Burg.	A	U
Auf die Burg hat Leo überhaupt keine Lust. Er wäre viel lieber mit Lea nach Österreich gefahren.	L	A
Lea will ein Eis.	E	H
Leo bekommt von seinem Vater ein Eis.	G	T
Es soll die längste Burg der Welt sein.	R	T
Es soll die älteste Burg der Welt sein.	I	U
Leos Papa möchte sich den Folterkeller ansehen.	B	M

Wie lautet das Lösungswort? Schreibe die eingekreisten Buchstaben von unten nach oben auf.

Lösungswort: __ __ __ __ __ __ __ __ __ __

Name:

lesen schreiben Spracharbeit sprechen rätseln malen/basteln

Verschiedene Burgen

Lies den Text.

Im Mittelalter diente eine Burg den Adeligen als Wohnsitz und zum Schutz vor Feinden. Auch die Bewohner der angrenzenden Stadt und die Bauern flüchteten bei Gefahr auf die Burg. Die geschützte Lage und nicht die Annehmlichkeiten des Lebens bestimmte also den Standort einer Burg. Dabei war entscheidend, welchen natürlichen Schutz das Gelände bot, in dem eine Burg gebaut werden sollte.

Man legte die Burgen möglichst unzugänglich an. Die Zugangswege beließ man absichtlich in einem schlechten Zustand, um Feinden den Angriff zu erschweren. Auch verliefen die Wege oft so, dass man die herannahenden Feinde von der Burg aus mit Steinen bewerfen konnte. Um den Feind frühzeitig sehen zu können, wurden hoch wachsende Sträucher und Bäume um die Burganlage herum abgeschlagen.

Meist wurden Burgen auf Bergen oder Anhöhen gebaut. Eine Gipfelburg ist eine auf einer natürlichen Anhöhe errichtete Burg. Eine Hangburg liegt am Hang eines Berges unterhalb des Gipfels.

Im flachen Land nutzte man Gewässer wie Seen, Flüsse, Sümpfe oder Moore als natürlichen Schutz. Diese Burgen nennt man Wasserburgen.

Beschrifte die Burgen.

______________________ ______________________ ______________________

Sieh dir das Bild genau an. Welcher Burgtyp ist die Burg Burghausen?

____

Die Burg Burghausen

Wo befindet sich was? Schneide die Wortkarten aus und klebe sie an die richtigen Stellen im Grundriss.

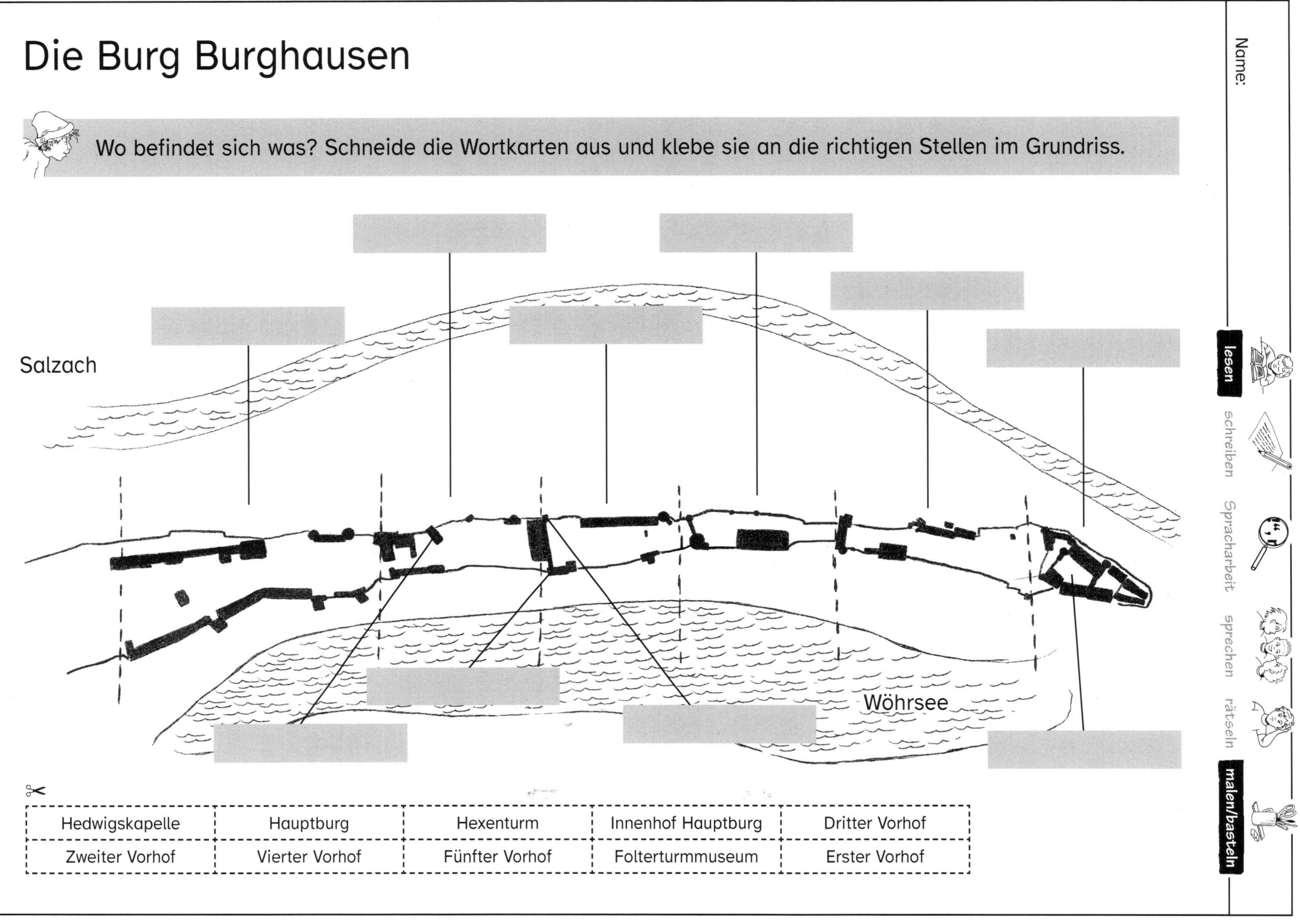

Hedwigskapelle	Hauptburg	Hexenturm	Innenhof Hauptburg	Dritter Vorhof
Zweiter Vorhof	Vierter Vorhof	Fünfter Vorhof	Folterturmmuseum	Erster Vorhof

Name:

lesen schreiben Spracharbeit **sprechen** rätseln **malen/basteln**

Zwischen Traum und Wirklichkeit

Leo ist bei der Burgbesichtigung in ganz verschiedenen „Welten" ...

Wo passiert was? Male die Wortkarten in verschiedenen Farben an.

Blau: Leo besichtigt eine historische Burg.
Gelb: Leo träumt vom Urlaub mit Lea.
Grün: Leo befindet sich plötzlich an einem unbekannten Ort hinter der Burgpforte.

Mama liest aus Reiseführer vor

schnorcheln

Pferde stehen in flachem Wasserbecken

am Swimmingpool rutschen

Papa fotografiert

Eis essen

auf einer Bank am Aussichtsplatz sitzen

Lea erscheint in merkwürdiger Kleidung

Wasserball spielen

Stufen führen zu einem Pferdestall

auf Luftmatratze schwimmen

vom Fünften bis in den Dritten Vorhof laufen

Männer arbeiten an Burgmauer

Was erlebt Leo wirklich, was stellt er sich vor? Diskutiert.

Name: 

lesen schreiben Spracharbeit sprechen rätseln malen/basteln

In einer anderen Zeit

Leo vermutet, dass er im Mittelalter „gelandet“ ist. Woran erkennt er das?

Lies den Text.

Unsere Zeitrechnung orientiert sich an der Geburt von Jesus Christus. Die Abkürzung „v. Chr.“ bedeutet „vor Christi Geburt“, „n. Chr.“ bedeutet „nach Christi Geburt“. Oft siehst du auf alten Häusern auch die Beschriftung „anno“. Das Wort kommt aus dem Lateinischen und bedeutet: „im Jahr“. „Anno 1488“ bedeutet also „im Jahr 1488“.

Als Mittelalter bezeichnen wir heute die Zeit zwischen etwa 500 n. Chr. und 1500 n. Chr. Es war das Zeitalter der Ritter und edlen Damen, der Herzöge und Fürsten, der herrschaftlichen Burgen und berühmten Klöster. Viele Städte entstanden, der Handel und das Handwerk entwickelten sich. Es war aber auch eine Zeit, in der es viele arme Leute gab. Von Geburt an war man einem Stand, also einer bestimmten Gruppe, zugeordnet. Die höheren Stände – der König, Adelige, Geistliche und reiche Stadtbewohner – machten nur einen kleinen Teil der Bevölkerung aus. Viel größer war die Zahl der Bauern, Tagelöhner und Bettler. Sie mussten hart arbeiten, litten oft unter Hungersnöten und hatten wenige oder gar keine Rechte. Auch Kriege und Seuchen, wie die Pest, brachten den Menschen im Mittelalter viel Leid.

Kennzeichne auf dem Zeitstrahl.

1 Kästchen = 1 Jahrhundert

grün: Mittelalter, blau: unser Jahrhundert

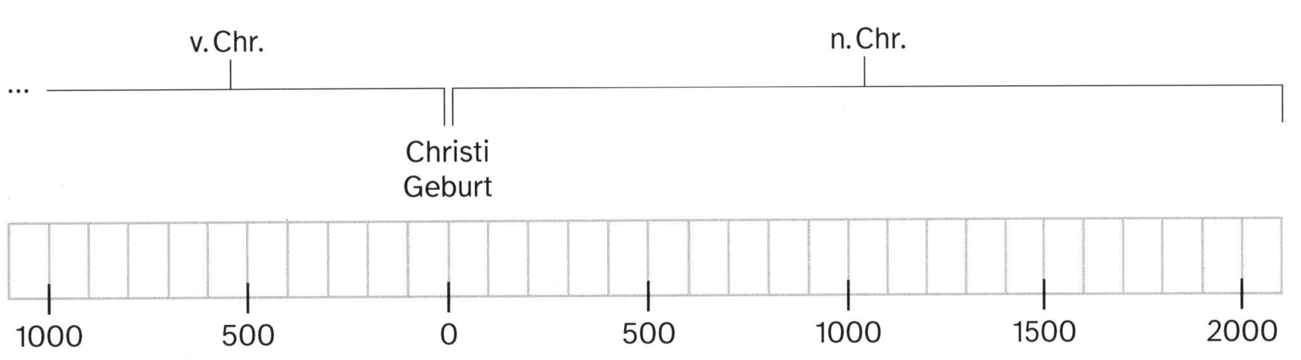

Name: ______________

lesen **schreiben** Spracharbeit **sprechen** rätseln malen/basteln

Kindheit im Mittelalter

Das ist Kinderarbeit, denkt Leo, als er sieht, wie Jungen und Mädchen an der Schütt arbeiten.

Was machen die Kinder im Mittelalter, was macht Leo normalerweise? Vergleiche.

Leos Aufgaben	Aufgaben der Kinder im Mittelalter

Lies den Text.

Wie das Leben eines Kindes im Mittelalter aussah, war mit der Geburt festgelegt. Wer als Bauern- oder Handwerkerkind geboren wurde, musste schon von früher Kindheit an in Haus, Hof, Feld oder Werkstatt mithelfen.

Gehörte ein Kind zum Stand der Adeligen, durfte es etwas lernen. Mit sieben Jahren begann die Ausbildung eines Jungen zum Ritter. Wenn der Vater ihn nicht selbst unterrichtete, übernahm das ein „Zuchtmeister" oder ein anderer Ritter. Der Junge lernte Fertigkeiten wie Jagen, Turnierkämpfe und Kriegsführung sowie Regeln, wie man sich bei Hofe benehmen musste. Ein anderer Weg für adelige Jungen war die Ausbildung im Kloster. Dort lernten sie lesen und schreiben.

Adelige Mädchen wurden nur von Frauen zu Hause erzogen. Von einer edlen jungen Dame verlangte man Geschicklichkeit und Talent bei der Handarbeit, beim Singen und Musizieren und ein gutes Benehmen. Mädchen wurden früh verlobt und verheiratet, manchmal schon mit 12 oder 14 Jahren. Ab diesem Alter wohnten sie im Fürstenhaus ihres Verlobten. Manche junge Adelsdamen wurden in ein Kloster geschickt und als Nonne ausgebildet.

Vergleicht eure Ausbildung mit der eines Kindes im Mittelalter und sprecht darüber.

Name:

lesen **schreiben** Spracharbeit sprechen **rätseln** malen/basteln

Was ist an der Schütt los?

Kreuze jeweils die richtige Fortsetzung an.

1. Käthe trägt zu Meister Lukas auf die Baustelle ...
   - ☐ einen Krug mit Ziegenmilch. (B)
   - ☐ einen Eimer mit Erde. (T)
   - ☐ zwei Eimer mit Bier. (F)

2. Käthes Vater ist ...
   - ☐ der Schäffler Jakob. (P)
   - ☐ der Meister Lukas. (R)
   - ☐ der Schuster Heinrich. (C)

3. Leo und Käthe ...
   - ☐ essen zusammen Brotsuppe. (R)
   - ☐ arbeiten zusammen an der Schütt. (O)
   - ☐ spielen zusammen Fangen. (T)

4. Die Schütt wird gebaut, ...
   - ☐ um die Türkengefahr zu bannen. (T)
   - ☐ weil die Herzogsfamilie eine neue Kemenate braucht. (B)
   - ☐ um ein Ritterturnier durchzuführen. (L)

5. Leo rennt in den Pferdestall zurück, ...
   - ☐ um etwas zu essen zu suchen. (R)
   - ☐ um in die Gegenwart zurückzugelangen. (T)
   - ☐ um Käthe zu finden. (E)

6. Als Leo den Rückweg in die Gegenwart sucht, ...
   - ☐ klettert er schnell über eine Mauer. (R)
   - ☐ zeigt ihm ein Mann den Weg. (S)
   - ☐ beschuldigt ihn ein Mann, Hafer stehlen zu wollen. (H)

7. Käthe leert ...
   - ☐ einen Krug Milch aus dem Fenster. (O)
   - ☐ einen Nachttopf aus dem Fenster. (C)
   - ☐ einen Krug Wasser aus dem Fenster. (T)

8. Als Leo vor Käthes Tür wartet, ...
   - ☐ isst er einen Teller Fleischsuppe. (E)
   - ☐ trinkt er einen Schluck Milch. (Ä)
   - ☐ isst er ein Stück Brot. (A)

9. Leo findet in der Nacht ein Quartier ...
   - ☐ in der Werkstatt von Käthes Vater. (N)
   - ☐ im Pferdestall der Burg. (L)
   - ☐ im Haus von Leas Familie. (K)

Lies die Buchstaben der angekreuzten Sätze von unten nach oben. Schreibe das Lösungswort auf.

Das Lösungswort lautet: _ _ _ _ _ _ _ _ _ .

Berufe im Mittelalter

Käthes Vater ist Schäffler.

Was macht ein Schäffler? Schreibe Leos Vermutung auf.

Tipp: Lies auf Seite 25 nach.

Welche Berufe gab es im Mittelalter noch nicht? Streiche durch.

Automechaniker   Koch   Metzger   Fernsehmoderator
Marktfrau   Schneider   Schuster   Programmierer

Verbinde die mittelalterlichen Berufsbezeichnungen mit den modernen.

Barbier •	• Architekt
Vogt •	• Polizist
Stadtknecht •	• Bürgermeister
Baumeister •	• Verwalter
Schultheiß •	• Metzger
Knochenhauer •	• Frisör

Finde mindestens drei Berufe aus dem Mittelalter, die es heute nicht mehr gibt. Recherchiere.

Zünfte im Mittelalter

Lies den Text.

Die meisten Handwerksberufe entstanden im frühen Mittelalter. Die Handwerker eines Gewerbes schlossen sich in einer Zunft zusammen. Alle Bäcker gehörten der Bäckerzunft an, alle Färber der Färberzunft usw. Es gab einen Zunftmeister, der darauf achtete, dass die einzelnen Handwerker gute Arbeit verrichteten, nicht betrogen und keine überhöhten Preise nahmen. Wenn ein Handwerker sich nicht an die Regeln seiner Zunft hielt, wurde er ausgeschlossen.

Die Handwerker einer Zunft hielten gut zusammen. Sie wohnten meist alle in einer Gasse, kannten sich gegenseitig und waren darauf bedacht, ihrer Zunft Ehre zu machen. Vor jeder Werkstatt hing ein Zunftzeichen, auf dem der Beruf des Handwerkers in einfacher Form dargestellt war. Es zeigte z. B. das Produkt, das dieser Beruf herstellte, oder die gebräuchlichsten Werkzeuge, mit denen der Handwerker arbeitete. So erkannte jeder, auch wenn er nicht lesen und schreiben konnte, welcher Handwerker hier wohnte und was es hier zu kaufen gab.

Schreibe neben jedes Zunftschild die passende Berufsbezeichnung.

 ____________

 ____________

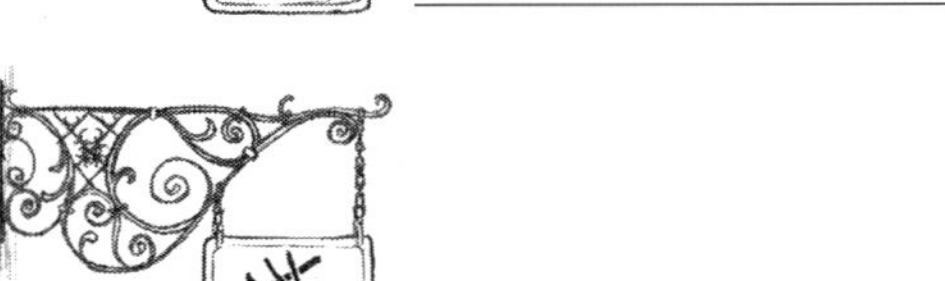 ____________

 ____________

 ____________

 ____________

Schneider
Schmied
Tischler
Metzger
Bäcker
Schuh-
macher

Wie sieht das Zunftzeichen des Schäfflers Jakob aus? Male.

Tipp: Lies auf Seite 40 nach.

Name:

lesen **schreiben** **Spracharbeit** sprechen rätseln malen/basteln

Handlanger und Almosen

Was bedeuten diese beiden Redensarten?
Erkläre mit eigenen Worten.

Tipp: Lies im Buch auf Seite 26 nach. In welcher Situation hört Leo diese Redensarten?

Maulaffen feilhalten

____

____

sich einen faulen Lenz machen

____

____

Was bedeuten diese Begriffe? Verbinde.

Handlanger •	• früher: Einrichtung für arme, alte oder kranke Menschen (heute in manchen Regionen: Krankenhaus)
Sperrstunde •	• Person, die keine feste Arbeit hatte und deshalb von Tag zu Tag eine Arbeitsstelle suchte
Spital •	• Geld oder Geschenke für Arme
Nachttopf •	• Arbeit, die ein Bauer für den Grundherrn verrichtete, von dem er Äcker und Felder hatte
Almosen •	• gesetzlich festgelegte Uhrzeit, zu der die Gaststätten schließen und die Leute in ihren Häusern sein mussten
Stifter •	• Person, die im Mittelalter nachts in Städten für Ruhe sorgte und die vollen Stunden ausrief
Schaff •	• lang gezogenes Bauwerk, das zum Schutz vor Feinden und zur Lagerung von Getreide diente
Nachtwächter •	• Hilfsarbeiter, der z.B. auf einer Baustelle einfachere Arbeiten ausführt
Köhlerhütte •	• Unterkunft, in der die Familie eines Handwerkers lebte, der Kohle herstellte; sie lag oft einsam im Wald
Schütt •	• topfartiges Gefäß mit Henkel, in das man seine Notdurft verrichtete
Tagelöhner •	• offenes Gefäß, das einer kleinen Wanne ähnelt
Frondienst •	• Person, die z.B. Geld spendete, damit eine Kirche gebaut werden konnte

Sprache ändert sich

In diesem Buch kommen viele Wörter vor, die du wahrscheinlich nicht sofort verstehst. Woher kommt das?
Sprache ändert sich. Ein Grund dafür ist, dass sich die Dinge in unserer Umgebung ändern. Es gibt neue Geräte und neue Berufe, die natürlich neue Namen haben. Alte Namen verschwinden, weil es diese Dinge oder Berufe nicht mehr gibt. Selbst an Vornamen kann man oft erkennen, aus welcher Zeit sie stammen. So kommt Leo der Name Käthe ganz komisch vor.

Kreise die Wörter ein, die es im Mittelalter noch nicht gegeben haben kann.

Ritter Hund Fernseher König T-Shirt Computer

Kühlschrank Bier Auto Fuhrwerk Leder

Umhang U-Bahn Tischler Burg

Du kannst den Sinn der Sätze erschließen, auch wenn du nicht jedes einzelne Wort kennst. Schreibe die Sätze mit deinen eigenen Worten auf.

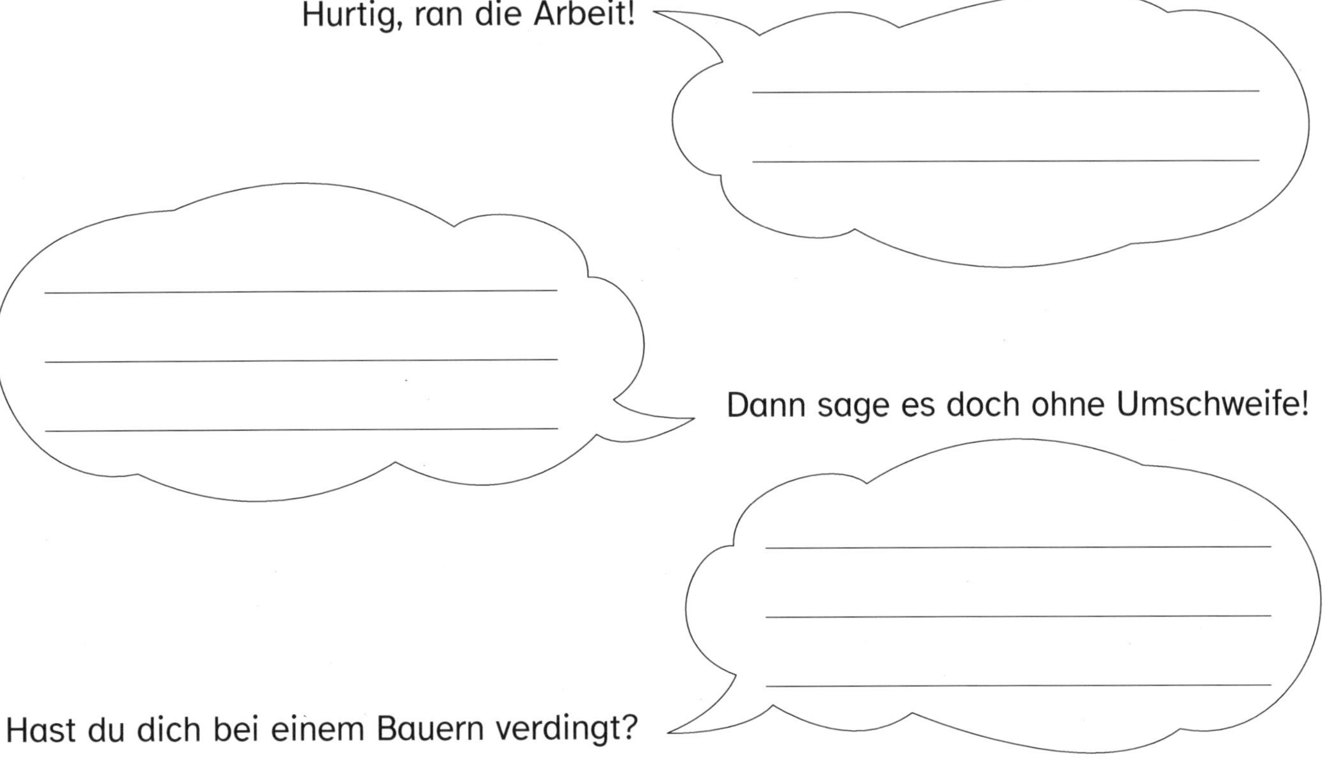

Name:

lesen

schreiben

Spracharbeit

sprechen

rätseln

malen/basteln

Die Landshuter Hochzeit

Kläre zunächst die wichtigsten Fakten: Errechne die Jahreszahl und erschließe die Namen des Brautpaares. Trage sie ein.

Herzog (groeG) ____________ der Reiche heiratete im Jahr (1000 + 400 + 75) ____________ die polnische Königstochter (giwdeH) ____________.

Lies den Text.

Die Hochzeit wurde mit großer Pracht und viel Pomp gefeiert.

Zunächst musste Hedwig den langen Weg von Polen nach Bayern zurücklegen. Sie reiste zwei Monate lang mit der Kutsche in einem prachtvollen Brautzug. In Wittenberg wurde sie von Vertretern des Herzogs Georg in Empfang genommen und auf dem Rest ihres Weges bis nach Landshut begleitet, wo der Herzog auf sie wartete.

Bereits am Vorabend der Ankunft hatte der Bräutigam ein Turnier bestritten, mit dem die Festwoche der Hochzeit begann. Allein der Empfang des Brautzugs, der aus unzähligen Musikern, Gauklern, Tänzern, Fahnenträgern, Verwandten der Braut, Gefolgsleuten des Herzogs, Stadtbewohnern, Rittern und edlen Damen bestand, war ein großes Ereignis. Am selben Tag fand auch die eigentliche Trauung des Paares in der Martinskirche statt.

Im Anschluss und an den folgenden Tagen wurde mit reichlich Essen und Trinken, weiteren Turnieren und Tanz gefeiert. Mehrere Tausend vornehme Gäste aus dem deutschen Reich, Böhmen und Polen waren anwesend. Fast 150 Köche waren nötig, um die Speisen für die Festwoche zuzubereiten. Denn auch die ganze Stadt Landshut wurde während der Festtage mit Essen und Trinken versorgt.

Die Hochzeit der beiden war keine Liebesheirat. Wie damals bei Adeligen üblich wurden sie aus politischen Gründen verheiratet. Aus ihrer Ehe gingen zwei Töchter hervor: Elisabeth und Margarethe.

Bis heute wird diese berühmte Hochzeit alle vier Jahre in Landshut von den Bewohnern der Stadt nachgespielt.

Die Landshuter Hochzeit war ein großes Ereignis. Fasse die wichtigsten Stationen der Vorbereitung und des Festes stichpunktartig in deinem Heft zusammen.

- Hedwigs Brautzug von Polen nach Landshut
- Empfang der Braut ...

Immer der Nase nach

Kreuze jeweils den richtigen Satz an und zeige Leo den Weg zum Markt.

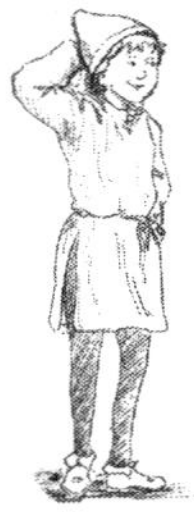

Start

Im Mittelalter gab es noch keine Klos wie heute, oft ging man auf einen Nachttopf.

☐ Nach der Benutzung wurde der Inhalt des Nachttopfs einfach aus dem Fenster gekippt.

☐ Der Inhalt der Nachttöpfe wurde in die Kanalisation geschüttet.

Schütt

In den Städten wurden Speisereste und Müll häufig in den Gassen zurückgelassen.

☐ Die Müllabfuhr brachte alles auf eine Mülldeponie.

☐ Der Unrat sammelte sich auf der Straße.

Pferdestall

Käthes Haus

In den Gassen einer mittelalterlichen Stadt sammelte sich der Unrat von Tieren, die überall frei umherliefen.

☐ Die Straßen-reinigung kam und beseitigte die Haufen.

☐ Die Haufen blieben liegen und stanken.

In der Stadt kamen die Menschen ständig mit dem verfaulenden Müll in Berührung.

☐ Durch die gute Hygiene wurden Krankheiten schnell eingedämmt.

☐ Das begünstigte die Ausbreitung von Krankheiten.

Burg

Fluss

Bestimmte Tiere, wie etwa Ratten, fraßen den Abfall und vermehrten sich schnell.

☐ Ratten und ihre Rattenflöhe steckten Menschen mit der Pest an.

☐ Ratten waren der Auslöser für Kinderlähmung.

Markt

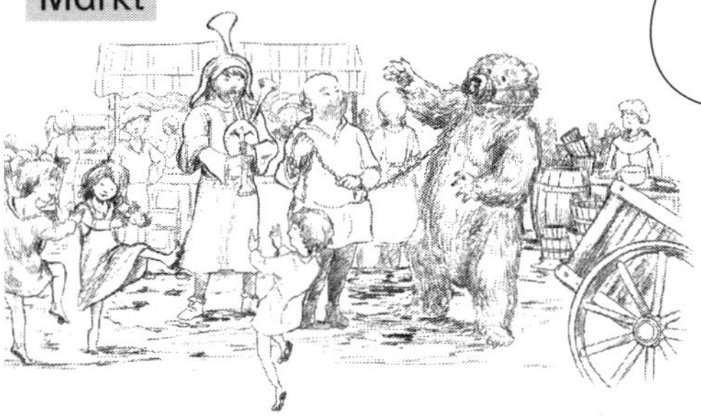

Name:

lesen **schreiben** **Spracharbeit** sprechen rätseln malen/basteln

Salz

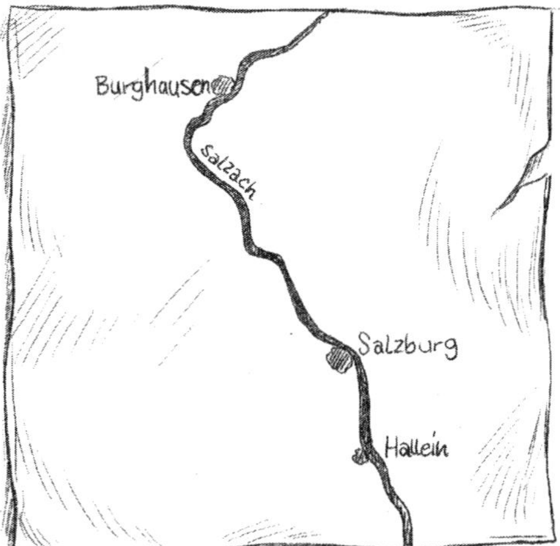

Leo soll dem Salzfertiger mitteilen, dass seine Salzscheiben mit dem Schiff angekommen sind. Woher kommt das Salz? Was passiert damit?

Sieh dir die Karte an. Bringe die Textabschnitte in die richtige Reihenfolge, indem du sie nummerierst.

	Der Herzog nahm Geld dafür, dass die Salzhändler ihr Salz auf „seiner" Salzach transportierten. Der Mautner trieb in seinem Dienst beim Entladen der Schiffe das Geld ein.
	Auf den Schiffen schipperten die Scheiben den Fluss entlang bis Burghausen. Erst dort durften sie an Land gebracht werden.
	Die Scheiben wurden auf Schiffe verladen und auf der Salzach transportiert.
	Das Salz wurde in unterirdischen Salzbergwerken abgebaut. Das war in Hallein.
	Nach oben gebracht, wurde das Salz in große Fässer gefüllt. Diese Fässer nannte man „Scheiben".
	Nachdem der Mautner seine Arbeit erledigt hatte, nahmen die Salzfertiger ihre Scheiben in Empfang. Nun konnte das Salz auf Fuhrwerke verladen werden, um es auf dem Landweg weiterzutransportieren.
	Schließlich konnten die Menschen das Salz in ihrer Nähe teuer einkaufen.

Bilde zusammengesetzte Wörter mit „Salz- / salz-". Achte auf die Groß- und Kleinschreibung.

-kartoffeln -los -haltig -stange

-bergwerk Salz- salz- -arm

-wasser -teig -ig -streuer

Name:

lesen **schreiben** Spracharbeit **sprechen** rätseln malen/basteln

Auf der Baustelle

Beschrifte die Teile des Krans.

Tipp: Lies auf den Seiten 75 und 76 im Buch nach.

Tretrad Lauffläche

Achse Seil

Holzgerüst

Rollen

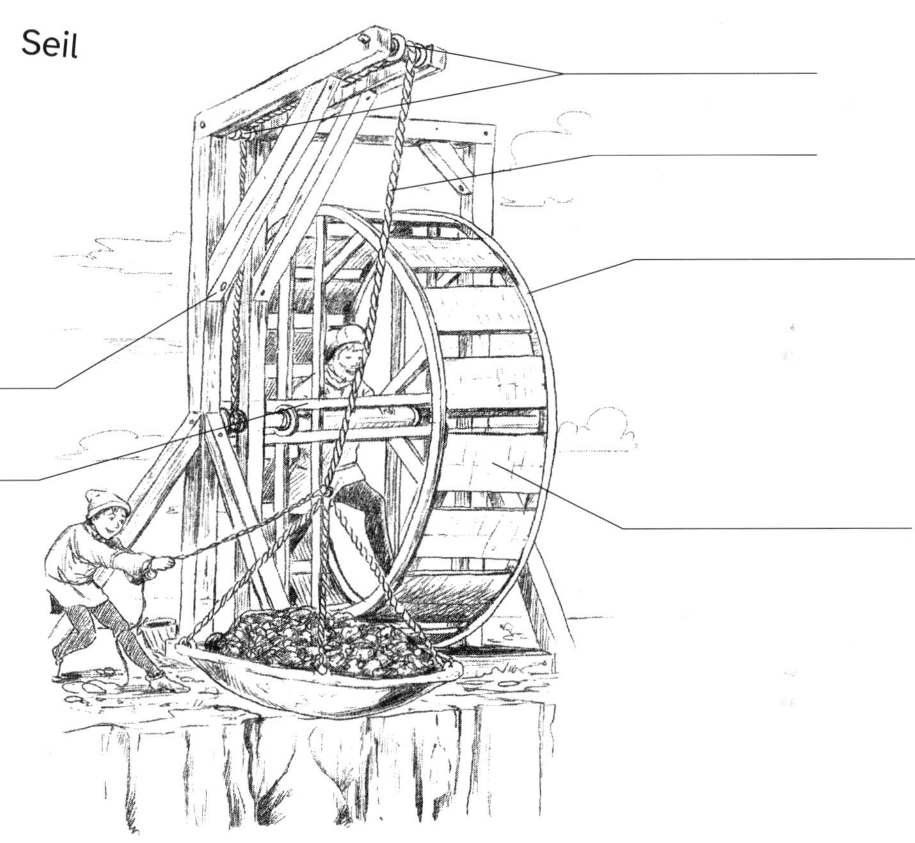

Wie funktioniert der Tretkran? Ergänze den Text.

Der Mann in dem __________ läuft. Dadurch dreht sich das Rad und wickelt das Seil an der ______________ auf. An dem __________ hängt eine Last. Das können eine Wanne mit Erde und Geröll oder große Steine sein. Durch das Aufwickeln des langen Seils wird Kraft gespart und die __________ leichter nach oben gezogen.

Welche Teile des Tretkrans hat auch ein moderner Baukran noch, welche nicht mehr? Recherchiere Bilder von modernen Baukränen und tausche dich mit einem Partner darüber aus.

Name:

Rund um den Ritter

Als Leo im Ersten Vorhof steht, staunt er: „Hier finden bestimmt die tollsten Turniere statt. Jedenfalls wäre genug Platz dafür, dass zwei Ritter auf ihren Pferden mit Lanzen gegeneinander anrennen können und der Hofstaat dabei zuschauen kann.“

Lies die Texte.

____

Um Ritter zu werden, wurde ein adeliger Junge bereits mit sieben Jahren an einen anderen Hof geschickt. Dort lernte er als Page lesen, schreiben, musizieren, tanzen und sich am Hof zu benehmen. Er erledigte auch kleine Aufgaben, z. B. bediente er bei Tisch oder überbrachte Befehle seines Herrn.
Mit 14 Jahren wurde aus dem Pagen ein Knappe. Jetzt lernte er von einem Ritter den Umgang mit Waffen und die Turnierregeln und trainierte reiten, jagen und laufen. Außerdem war der Knappe für das Pferd, die Waffen und die Rüstung seines Lehrmeisters zuständig.

____

Mit 21 Jahren wurde der Knappe zum Ritter geschlagen. Die Nacht zuvor verbrachte er in Stille und Gebet. In einer feierlichen Zeremonie legte er einen Eid ab und schwor, seine ritterlichen Pflichten und Tugenden immer einzuhalten. Anschließend berührte sein Lehrmeister ihn mit einem Schwert an den Schultern, ein Knappe legte dem angehenden Ritter eine Rüstung an, setzte ihm einen Helm auf und reichte ihm ein eigenes Schwert. Damit war man zum Ritter geschlagen.

____

Im Rittereid, den man bei der Schwertleite ablegte, waren die Eigenschaften festgeschrieben, die die Grundlage für das ritterliche Leben bildeten. Ein Ritter musste immer gerecht, bescheiden, hilfsbereit gegenüber Schwachen und tapfer im Kampf sein. Außerdem sollte er sich seinem König oder Herzog gegenüber treu und gehorsam verhalten und gläubig die christlichen Gebote befolgen.

____

Als Ritter zog man für seinen Herrn in den Krieg, verteidigte ihn und führte seine Befehle aus. Hatte ein Ritter keinen Fürst oder Herzog als Herrn, nahm er an Turnieren teil und verdiente sich so Ruhm und Ansehen, damit ein Herr auf ihn aufmerksam wurde.

Ergänze jeweils eine passende Überschrift.

Wappen

Ein Wappen ist ein Erkennungsmerkmal. Da Ritter im Turnier und in der Schlacht Helme trugen, konnte man nicht erkennen, um wen es sich handelte. Damit man wusste, ob man einen Freund oder Feind vor sich hatte, wurden Wappen eingeführt. Jede adelige Familie und jeder Ritter hatte sein eigenes Wappen, das sich durch Farben und Symbole von dem der anderen unterschied. Dieses Wappen wurde auf die Fahne, den Schild, die Pferdedecke und den Waffenrock gemalt oder gestickt.

Leo fällt das Wappen des Herzogs Georg auf. Male es in den richtigen Farben an.

Tipp: Lies auf Seite 87 nach.

Gestalte dein eigenes Wappen. Überlege, was für dich charakteristisch oder was dir wichtig ist.

- Du kannst dir für jedes Feld ein zu dir passendes Symbol oder ein Muster überlegen.
- Zeichne ein Motiv zu deinem Hobby (z. B. Fußball) oder deinem Lieblingstier (z. B. Hund).
- Gestalte ein Muster in deinen Lieblingsfarben (z. B. gelb-rote Rauten).

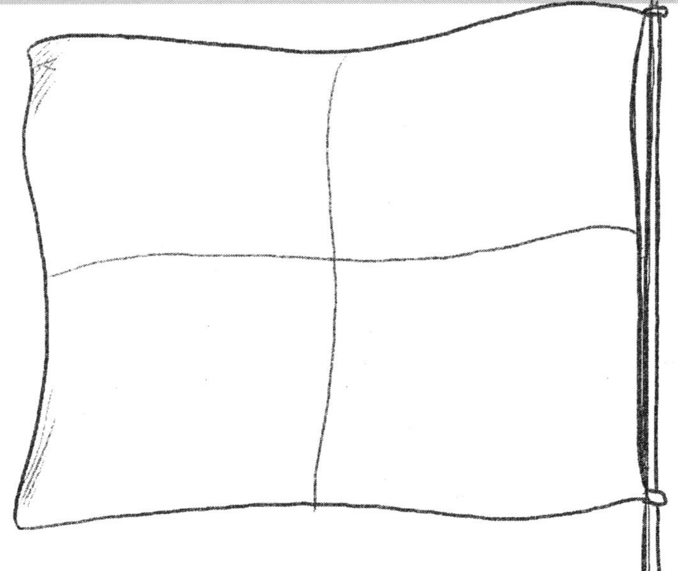

In der Hauptburg

Leo arbeitet an der Hauptburg. Beim Anblick der mächtigen Anlage ist er beeindruckt.

Lies den Text.

Die meisten Burgen wurden aus Stein gebaut. Die Mauern waren oft mehrere Meter dick, damit sie den Geschossen von Wurfmaschinen standhalten konnten. Die größte und dickste Mauer an der Hauptangriffsseite der Burg war die **Schildmauer**. Daran grenzte ein **Torbau** an, der durch seitliche Türme geschützt war. Zum Tor einer Burg gelangte man oft nur über eine **Zugbrücke**. War diese hochgezogen, konnten die Feinde den tiefen **Burggraben** nicht überwinden.

All diese Baumaßnahmen schützten das Innere der Burg. Dort lag der **Palas**, das Hauptgebäude. In ihm wohnte der Burgherr mit seiner Familie, hier war auch der große Rittersaal. In der **Kemenate** hielt sich der weibliche Hofstaat auf. Oft war dies der einzige Raum, der mit einem Kamin ausgestattet war. Die Reichtümer des Burgherrn waren in der **Schatzkammer** untergebracht. Außerdem durften eine eigene **Kapelle** und ein **Brunnen** nicht fehlen. Ein weiteres Wehrgebäude war als höchster Turm einer Burg der **Bergfried**. Er diente als Ausguck, zur Verteidigung und als letzte Zuflucht der Burgbewohner bei Gefahr.

Beschrifte die Teile der Burg mit den hervorgehobenen Begriffen aus dem Text.

Name:

 lesen  schreiben  Spracharbeit  sprechen  rätseln  malen/basteln

Käthe unter Verdacht

Verbinde die Satzanfänge mit den passenden Satzenden.

Leo arbeitet auf der Schildmauer, ... •	• und spricht sie an.
Elisabeth bleibt bei Käthe stehen ... •	• fällt etwas Glänzendes heraus.
Elisabeth befiehlt Käthe, ... •	• die nicht Käthe gehören kann.
Während Käthe die Rosen gießt, ... •	• dass die Brosche Elisabeth gehören muss.
Käthe und Elisabeth verschwinden unter einer Rosenlaube, ... •	• und versucht, ihn zu verstecken.
Als Käthe beim Mittagessen ihr Brot aus dem Beutel holt, ... •	• sodass Leo sie nicht mehr sieht.
Käthe nimmt den blinkenden Gegenstand schnell in ihre Hand ... •	• redet die Prinzessin die ganze Zeit mit ihr.
Aber der Meister der Steinmetzen hat es gesehen und packt ihren Arm, ... •	• sodass Käthe ihre Hand öffnet.
Eine goldene Brosche kommt zum Vorschein, ... •	• die Rosen im Garten zu gießen.
Jeder weiß, ... •	• als er plötzlich Prinzessin Elisabeth erblickt.

Finde die Brosche von Elisabeth. Male sie an.

 ☐  ☐  ☐  ☐

Speisen wie im Mittelalter

Bei reichen Rittern gab es zum Frühstück meist Brot und Wein. Mittags wurde ebenfalls Brot in Wein oder Bier eingetunkt. Zum Abendessen gab es Haferbrei mit Fleisch und Suppe mit Gemüse. Ärmere Ritter konnten sich nicht jeden Tag Fleisch leisten. Sie aßen Fladenbrot, Getreidemus und Gemüse.
Bei ärmeren Menschen, wie beispielsweise den Bauern, gab es hauptsächlich Getreidebrei und Mehlsuppe. Fiel die Ernte schlecht aus, mussten Bauern oft hungern.

Für das edle Fräulein Elisabeth wird Milchreis mit Honig, Zimt und Mandeln zubereitet. Lies die Arbeitsschritte und unterstreiche die Zutaten. Schreibe sie auf.

Du brauchst:

für 4 bis 6 Portionen

- ______________________
- ______________________
- ______________________
- ______________________
- ______________________
- ______________________
- ______________________

So geht's:

1. Gib 50 g Butter, 1 l Milch und 1 Prise Salz in einen Topf.
2. Bringe das Ganze zum Kochen.
3. Füge 250 g Milchreis hinzu.
4. Reduziere die Hitze. Lass den Milchreis unter ständigem Rühren ca. 30 Minuten ausquellen.
5. Rühre 4 TL Honig ein.
6. Streue – je nach Belieben – 1 Prise Zimt und 50 g Mandelblättchen darüber.

Bereitet gemeinsam den Milchreis zu. Ihr könnt dazu Rote Grütze oder frische Früchte essen.

Die Auflösung

Käthe wird verdächtigt, die Brosche der Prinzessin Elisabeth gestohlen zu haben, und sitzt im Verlies. Leo gelangt in die Hauptburg. Er will mit Elisabeth sprechen, damit ihr Vater, der Herzog, Käthe begnadigt.

Löse das Rätsel. Schreibe in Großbuchstaben.

1. Um den Weg zum Raum zu finden, in dem sich Elisabeth aufhält, folgt Leo einem ...
2. Die Köchin entlässt Leo am Ende des Festmahls. Vor dem Zimmer, in dem der Herzog mit seiner Familie speist, versteckt sich der Junge hinter dem Vorhang in einer ...
3. Als die Tür geöffnet wird, erblickt Leo kurz den ...
4. Nach einiger Zeit gehen Elisabeth und Margarethe zu ...
5. Elisabeth bemerkt Leo und schleicht wenig später zu ihm. Leo erfährt: Käthe hat die Brosche nicht ...
6. Der Herzog entdeckt die beiden Kinder und ist sehr ...
7. Elisabeth erzählt die Geschichte mit Johannes, Käthe und der ...
8. Schließlich begnadigt der Herzog ...

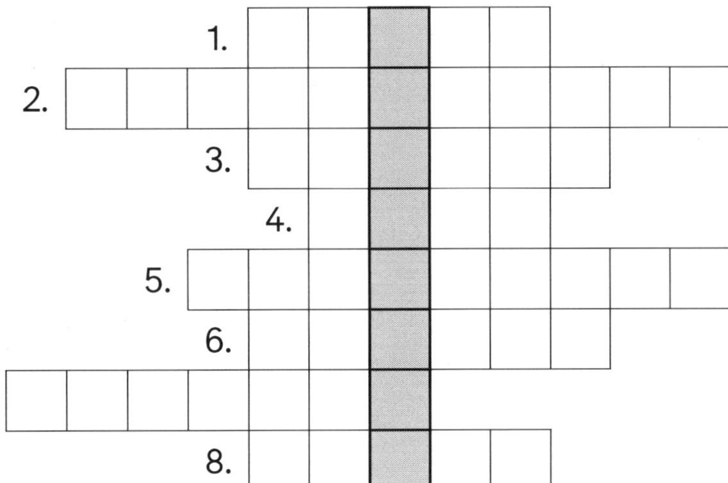

Das Lösungswort aus den grau unterlegten Kästchen

lautet: _ _ _ _ _ _ _ _ !

Name:

lesen **schreiben** Spracharbeit sprechen rätseln malen/basteln

Gute Freunde

Leo und Käthe sind gute Freunde geworden. Sie können sich immer aufeinander verlassen.

Nenne jeweils mindestens ein Beispiel dafür, wie sie sich gegenseitig geholfen haben.

Tipp: Lies z.B. auf den Seiten 43, 50 und 91 nach.

Was bedeutet Freundschaft für dich? Kreuze an.

- ☐ Auf einen Freund kann ich mich immer verlassen.
- ☐ Ein Freund hat die gleichen Interessen wie ich.
- ☐ Ein guter Freund verletzt mich nie.
- ☐ Ein guter Freund verteidigt mich vor anderen.
- ☐ Mit einem guten Freund streite ich mich nie.
- ☐ Ein guter Freund hat immer Zeit für mich.
- ☐ Ein Freund ist jemand, mit dem ich gerne zusammen bin.
- ☐ Einem guten Freund kann ich alles anvertrauen.
- ☐ Ein Freund muss immer die gleiche Meinung haben wie ich.
- ☐ Ein Freund lügt mich nicht an.
- ☐ Ein Freund macht mit, egal was ich tue.
- ☐ Mädchen können auch mit Jungen gut befreundet sein.

Welche drei Eigenschaften magst du an deinem besten Freund / deiner besten Freundin am meisten?

Name:

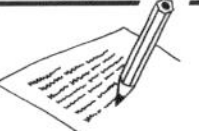

lesen **schreiben** Spracharbeit sprechen rätseln malen/basteln

Dichterwerkstatt

Lies die drei Gedichtbaupläne und Beispielgedichte.

Ein **Akrostichon** ist ein Senkrechtgedicht. Das Thema steht in Großbuchstaben untereinander. Zu jedem dieser Buchstaben gibt es einen passenden Satz oder ein Wort.

z. B.: **L**iest gerne in seinem Mittelalterbuch.
Erlebt spannende Abenteuer im Mittelalter.
Ohne Zögern hilft er Käthe.

Ein **Wiederholungsgedicht** besteht aus fünf Zeilen. Jede Zeile fängt mit demselben Wort an. Nur die letzte Zeile ist anders: Hier fasst du in einem Satz zusammen, was dir an den Gedanken zum Thema wichtig ist.

z. B.: Ritter
Ritter wurden nur Adelige.
Ritter kämpften in Turnier und Krieg.
Ritter mussten sich an ihre Tugenden halten.
Wenn ich im Mittelalter gelebt hätte, wäre ich gerne ein Ritter gewesen.

Ein **Elfchen** ist ein Gedicht, das aus elf Wörtern besteht. Für jede Zeile ist festgelegt, welcher Inhalt und wie viele Wörter dort stehen sollen:

1 Wort: Thema
2 Wörter: Wie ist es?
3 Wörter: Wo ist es? Was tut es?
4 Wörter: ein Satz oder eine Frage
1 Wort: Antwort, Schluss

z. B.: Brosche
verhängnisvoll, wertvoll
bedroht Käthes Leben
Kann Leo sie retten?
Freundschaft

Wähle eine Gedichtform und kreuze sie an. Schreibe ein Gedicht mit demselben Bauplan in dein Heft.

- ☐ Akrostichon mit dem Namen deines besten Freundes
- ☐ Wiederholungsgedicht zum Begriff „Freundschaft“
- ☐ Elfchen zum Thema „Freund / Freundin“

Name:

lesen | schreiben | Spracharbeit | sprechen | rätseln | malen/basteln

Leos Brief

Leo vermisst Käthe und schreibt ihr einen Brief. Zwischen den Wörtern haben sich unsinnige Buchstaben eingeschlichen. Markiere die Briefwörter und schreibe den Brief richtig auf.

PEROPÜLIEBEYXCVBNMKÄTHEASGHJKIIIBISTZTIOPDUTZ
GBVNUNASDKLÖWIRKLICHFGHUIOKÄTHEXBODERAFBIST
GHJDUKLIOCHYVBNLEAWRSDFCVISTZHNJAWESFGVOL
AUCHPOÖLKMEGALÜPOMIUZICHWEEDFCWOLLTEERPOL
TIDIRWETDGBHJKJEDENFALLSÜÄÖLKMDANKENZHNRF
DASSWSDJKCVBNMDUSETZVIOMIRWRSFUIOPÜIMMER
WEDRJKLGEHOLFENAQSDKLÖHASTQWGBVKOMMWUR
SZAIOMICHTGDOCHBZHNUJMMALQAWUIOPINASMEINEN
DJKKLLTRÄUMENASDFJKLÖBESUCHENUJMNTGBWSDXC
VASDFLÖDEINCXLEO

Hat Leo seine Abenteuer im Mittelalter wirklich erlebt oder nur geträumt? Was schreibt Lea in ihrer SMS? Sprecht darüber.

5
4
3
2
6
7
8
Unsere Lektüre:
gestaltet von:
1

Name: ______________________

lesen **schreiben** Spracharbeit sprechen rätseln **malen/basteln**

Meine Meinung zum Buch

Wie gefällt dir das Buch „Ins Mittelalter und zurück“? Male die Broschen an und schreibe auf.

> Alle Broschen angemalt bedeutet:
> Ich stimme voll zu.
> Keine Brosche angemalt:
> Ich stimme überhaupt nicht zu.

1. Das Buch hat mir gut gefallen.     
2. Die Bilder im Buch haben mir gut gefallen.    
3. Ich konnte mich gut in Leo hineinversetzen.   
4. Es gibt viele spannende Stellen im Buch.      

   Besonders spannend finde ich: ______________________________

   ____

5. Ich habe viel über das Thema „Mittelalter“ gelernt.     
6. Ich würde gerne ein weiteres Buch mit einer Zeitreise lesen.     

Male deine Lieblingsszene aus dem Buch und beschreibe sie in ganzen Sätzen.